KB210131

超譯
카네기의 말
인간관계론

超譯

카네기의 말

인간관계론

유미바 다카시 엮음 | 정지영 옮김

samho **MEDIA**

| 데일 카네기에 대하여 |

데일 카네기Dale Carnegie는 1888년 미국 미주리주의 한 농가에서 차남으로 태어났다. 유소년 시절부터 매일 농작업과 가축을 돌보는 일에 내몰렸지만, 고등학교에 진학한 후 변론부에 들어가 스피치의 요령을 배웠고 워런스버그 주립 사범대학에 진학했다. 가난한 가정 형편 탓에 말을 타고 학교를 다니며 말 위에서 화술과 토론 연습에 매진했다고 한다. 다수의 변론 대회에 출전해 우승을 거두었고, 평판을 전해 들은 많은 학생에게 화술 방법을 가르쳐 생활비를 벌었다.

대학교를 졸업한 후 교사와 세일즈맨으로 사회생활을 시작했고, 그렇게 번 돈으로 뉴욕으로 가 문화 강연회의 강사를 목표로 활동했지만 뜻대로 되지 않았다. 그 후 연극학교를 다니면서 배우를 지망했는데 순회 공연의 무대에 섰다가 자신과 맞지 않음을 느끼고 다시 좌절을 맛보았다. 실직 후 우연히 뉴욕 YMCA에서 직장인을 상대로 열린 대중연설 강좌를 수강하게 된 카네기는 학생 시절 화술을 가르쳐 사람들의 호응을 얻었던 자신의 특기를 떠올렸고, 이를 계기로 성인을 대상으로 한 대화와 연설법 강좌를 개설하기에 이르렀다. 이 강좌는 사람들에게 선풍적인 인기를 끌었고 마침내 큰 반향을 불러일으켰다.

인생의 전환점을 맞은 카네기는 당시 철강왕으로 칭송받던 위대한 기업인 앤드류 카네기의 업적에 큰 감명을 받아 자기 성의 철자를 'Carnagey'에서 'Carnegie'로 정식 변경했다. 이후 그는 앤드류 카네기가 뉴욕에 세운 음악 전당 카네기홀을 빌려, 염원하던 문화 강연회를 수많은 관중 앞에서 개최한 바 있다.

카네기는 대화 기술과 리더십, 자기계발과 인간관계의 원칙 등을 체계적으로 교육하고 훈련하는 기관인 데일 카네기 연구소를 설립했다. 카네기가 1955년에 세상을 떠날 때까지 15개국에 지부가 설치됐고 약 45만 명이 수업을 들었으며, 이에 참여한 수많은 사람이 긍정적이고 획기적인 삶의 변화를 경험했다. 카네기 연구소는 세계적인 유명 인사도 여럿 배출했는데 억만장자이자 전설적인 투자가인 워런 버핏Warren Buffett도 그중 한 사람이다.

카네기는 사랑하는 여인과 결혼해서 딸 하나를 얻었다. 도로시

Dorothy 부인은 미소가 끊이지 않는 밝고 현명한 여성으로, 남편을 살뜰히 돌보며 뜻을 같이했다. 남편의 사후에도 데일 카네기 연구소가 90개국에서 누계 9백만 명의 수강생을 모을 정도로 발전할 수 있었던 큰 요인에는 그녀의 뛰어난 경영 감각이 한몫을 했다.

카네기는 많은 저서를 집필했다. 그중 대표작 《인간관계론 How to Win Friends and Influence People》은 자기계발의 금자탑이라고 불리며 나라와 문화의 차이를 넘어 전 세계인에게 지대한 영향을 미쳤다. 그리고 한 세기에 가까운 긴 세월이 흐른 지금까지도 시대를 초월해 많은 이의 공감과 지지를 얻고 있다.

관계의 힘을 믿으며
삶을 변화시키는 공식을 정리하다

삶에서 마주하는 수많은 타인과 좋은 관계를 맺기 위해서 우리는 어떻게 행동해야 하는가? 타인을 이해하기 위해서는 무엇을 알아야 하며 그들의 호감을 얻는 방법은 무엇인가? 사람들을 설득하기 위해서는 또 어떤 기술이 필요한가?

거의 모든 이들이 공통적으로 고민하고 궁금해하는 문제일 것이다. 하지만 이에 대한 명확한 방향이나 현실적이고 유용한 조언을 말하는 책을 찾기는 어려웠다. 사람들의 요구를 충족시킬 만한 인간관계에 대한 지침서는 어디에도 없었다. 그래서 나는 인간의 본성을 이해하고 인간관계에 대한 원칙을 제안하는 책을 직접 쓰기로 마음먹었다.

집필에 앞서 저명한 심리학자들의 많은 저작을 참고했다. 자서전이나 전기를 통해 역사에 이름을 남긴 위인들이 인간관계에서 어떻게 행동하고 가치를 실현했는지도 구체적인 사례를 살피며 연구했다. 또한 수년간 강좌를 진행하면서 다수의 참여자에게 내가 말하는 인간관계의 기술을 업무와 일상생활에서 실제로 적용해보도록 했다. 그들은 자기계발에 큰 흥미를 보였고, 인간관계의 원칙을 다루는 새로운 실험에 기대를 품었다.

이 책은 많은 사람의 경험에서 탄생한 획기적인 저작이다. 내가 제창하는 인간관계의 원칙은 단순한 이론과 추론이 아니다. 이것은 현실에서 마법과도 같은 효과를 발휘한다. 믿지 못할 수도 있겠지만 이 원리를 업무, 결혼생활, 교육, 사업 등 일상에 적용한 많은 사람이 극적인 변화를 경험하고 인생의 전환점을 맞이한 것을 가까이에서 목격했다.

한 예로, 삼백여 명의 직원을 고용한 회사의 사장이 나의 강좌에 참여한 적이 있다. 그는 수년간 끊임없이 직원들을 비난하고 몰아붙이는 방식으로 회사를 운영했다. 신랄하고 엄하게 책망하기만 했지, 노고를 칭찬하거나 격려하는 말은 할 줄 모르는 사람이었다. 인간관계의 원칙을 배운 후 그의 인생 철학은 완전히 바뀌었다. 그리고 회사는 직원들의 성실함과 열정, 팀워크가 가득 찬 곳으로 변화했다. 사장은 경험담을 발표하면서 자랑스럽게 고백했다. "예전에 내가 회사를 거닐고 있으면 직원들이 모두 딴 곳으로 시선을 돌리고 인사조차 해주지 않았습니다. 한마디로 외면당했지요. 하지만 지금은 모두가 친구처럼 맞이해 줍니다." 에너지로 충만한 회사는 매출이 늘었고 사장은 경제적·시간적 여유가 생겼다. 무엇보다 중요한 것은 그가 사업과 가정에서 전보다 훨씬 강한 행복감을 느끼게 되었다는 사실이다.

강좌에 참여한 많은 사람이 인간관계의 원칙을 현실에 응용함으로써 매출을 급상승시키고, 새로운 거래처를 개척하는 데 성공하고 있다. 어떤 회사의 임원은 급한 성미와 공격적인 태도 때문에 리더로서 실격이라는 낙인이 찍히고 강등될 위기에 처했지만, 인간관계의 원칙을 실천한 후 강등을 면했을 뿐만 아니라 65세의 나이에 연봉 인상과 승진을 달성했다. 강좌에 참여한 사람들의 가족은 하나같이 "강좌에 참여한 후로 집안 분위기가 한결 화목해졌다."라고 말한다. 하버드 대학교를 졸업하고 뉴욕에 거주 중인 부유한 사업가는 이렇게 단언하기도 했다. "4년 동안 하버드에서 공부한 것보다 인간관계의 원칙과 기술에 대해 배운 것이 내 삶에 더 많은 것을 일 깨워 주었다."

여기까지 읽고 말도 안 되는 이야기라고 웃어넘겨도 상관없다. 나는 그저 사실을 기술하고 있을 뿐이다. 하버드의 저명한 심리학 자 윌리엄 제임스의 말이 이해를 도울 수 있으리라 생각한다.

"인간은 평소 사용하지 않는, 다양한 종류의 힘을 지니고 있으면서 도 자신의 한계보다 훨씬 좁은 범위 안의 능력만 쓰면서 살아간다."

이 책은 당신이 미처 자각하지 못하고 있었던 무궁무진한 힘을 발현하도록 촉구하는 책이다. 잠재된 능력을 깨우고, 발전시키고, 행동으로 옮김으로써 행복한 삶을 만들 수 있도록 격려하는 책이 다. 여기서 얻은 지식을 적극적으로 활용해서 의미 있고 커다란 성 과를 올리기를 진심으로 응원한다.

데일 카네기

| 차례 |

I

인간관계에 관한 세 가지 원칙
| 인간 본성을 이해하다 |

II

타인의 호감을 얻는 방법

| 사람의 마음을 얻다 |

Ⅲ
타인을 설득하는 방법
| 사람의 마음을 움직이고 행동을 이끈다 |

IV

좋은 변화를 유도하는 방법

| 앞으로 나아가게 한다 |

V

적을 내 편으로 만드는 방법

| 적의와 반감을 호의와 긍정으로 바꾸다 |

과 항의가 아닌 호의를 먼저 전한다 | 160 정중한 부탁으로 은
근한 찬사를 보낸다 | 161 존중함으로써 마음을 열게 한다

VI

행복한 가정을 만드는 방법
| 가족의 행복을 생각한다 |

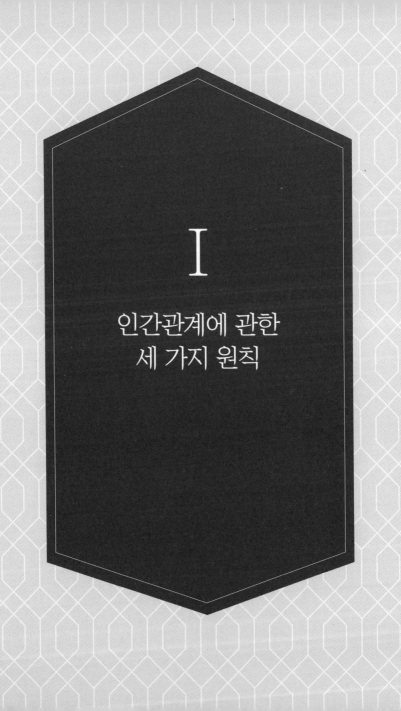

I

인간관계에 관한
세 가지 원칙

인간 본성을 이해하다

001

꿀을 얻으려면
벌집을 차지 마라

■ '꿀을 얻고 싶다면 벌집을 차지 마라.'라는 격언이 있다. 벌을 쫓기 위해 벌집을 차 버리면 잔뜩 성난 벌에게 이내 역습을 당한다. 상대방에게 원하는 것을 얻으려면 공격적인 행동이 아닌 협력을 구할 수 있는 합리적인 방법을 사용해야 한다는 뜻이다. 지극히 당연한 말이지만, 불행히도 우리는 타인과의 관계에서 이 가르침을 너무도 쉽게 잊어버린다. 상대방의 자존심에 사정없이 상처를 내고 반감을 사는 말과 행동으로 관계를 파괴하면서 그들의 협력을 기대한다.

002

타인의 실수를
들추지 마라

━ 격한 언쟁을 불사하고서라도 상대방이 잘못을 인정하게 끔 만들고 싶은가? 그렇다면 당신의 노력은 헛수고에 그칠 것 이다. 자존심을 다치고 오기와 적의를 품은 사람은 결코 자기 잘못을 인정하지 않는다. 다른 사람의 실수를 지적하면 우리 스스로는 만족스러울지 모른다. 우월한 존재가 된 듯한 기분에 잠길 수도 있다. 그러나 그것은 큰 희생을 수반한다. 상대방은 체면과 긍지에 타격을 입고 감정의 골이 깊이 패기 때문이다. 이 같은 방법으로 타인을 쉽게 움직일 수 있다고 생각하지 마라. 비록 당장은 협력하는 듯이 보일지라도 그는 당신에게 호 의를 품고 있지 않기에 결국 관계를 거둘 것이다.

003

감정적으로 행동하는 것이
인간의 본성이다

━━ 우리는 종종 "저 사람은 기분파라서 맞추기가 힘들어."라고 말하곤 한다. 그러나 본인 역시 '기분파'라는 사실을 잊어서는 안 된다. 정도의 차이는 있지만, 실제로 거의 모든 이가 감정에 이끌려 행동한다고 해도 과언이 아니다. 아무리 논리적으로 사고하는 듯이 보여도 인간은 궁극적으로 감정의 동물이기 때문이다. 논리적으로 생각하고 감정적으로 행동하는 것이 인간의 본성이다. 사람의 마음을 움직이고 싶다면 먼저 이 점을 이해할 필요가 있다.

004

자존심과 허영심이
행동을 좌우한다

━━ 타인과 마주할 때일수록 우리는 감정에 충실한 동물임을 명심하라. 모든 사람은 많든 적든 편견을 지니고 있으며, 자존심과 허영심에 지대한 영향을 받아 행동한다. 그렇기에 누군가의 마음을 움직이고 싶다면 남녀노소, 지위고하에 관계없이 먼저 상대방의 자존심을 충족시키는 방식으로 다가가야 한다는 점을 기억하라.

비판받은 자의 마음에는
앙심이 뿌리내린다

━━ 몇십 년 혹은 죽을 때까지 누군가에게 미움받고 싶다면 신랄한 비판으로 그의 자존심을 무너뜨려라. 당신이 아무리 정확한 근거를 들어 비판할지라도, 그것을 비수로 받은 이의 마음속에는 깊은 앙심이 뿌리내린다.

006

어리석을수록
험담을 즐긴다

━━ 정치, 외교, 과학, 저술 분야를 아우르며 미국 역사상 손꼽히는 위대한 인물로 평가받는 벤저민 프랭클린Benjamin Franklin도 처음부터 탁월한 능력과 재기를 발휘했던 것은 아니다. 인쇄공으로 사회생활을 시작한 젊은 시절의 프랭클린은 사교성이 없었으며 사람들을 이끌거나 소통하는 것에도 서툴기 짝이 없었다. 프랭클린은 그런 자신을 성공으로 이끈 비결을 이렇게 말했다. "나는 다른 사람에 관한 험담을 하지 않으며, 모든 사람의 장점에 대해서만 말합니다."

하지만 애석하게도 많은 사람이 남의 실수를 지적하고 평가하고 싶어 한다. 어리석을수록 더욱 그렇다. 실제로 바보들은 타인을 헐뜯고, 불평하고, 비난하는 것을 매우 기꺼워한다.

CARNEGIE

007

비판에 앞서
이해하려는 노력이 필요하다

━━ 타인을 이해하고 용서하는 것은 성숙한 인격과 인내심이 있어야 가능하다. 누군가를 비판하기에 앞서, 사람을 이해하는 것에 중심을 두어보자. 왜 그처럼 행동하는지 진지하게 헤아려 보는 것이다. 눈에 보이는 대로 상대방의 잘못을 꼬집고 비판하는 것보다 이편이 훨씬 유익하며 흥미로운 일이다. 더불어 당신의 내면에 연민과 관용, 친절함을 기를 수 있다.

008

신은 최후의 순간까지
인간을 심판하지 않는다

▬ 세상에 완전무결한 사람은 없다. 그렇기에 마음만 먹으면 누군가의 허물을 들춰내기란 얼마든지 가능하다. 다만 그렇게까지 타인을 심판한들 도대체 어떤 이익을 얻을 수 있는가? 하물며 신조차 최후의 순간까지 인간을 심판하려 하지 않는데, 어째서 우리는 같은 인간을 심판하는 일에 그토록 몰두하는 것일까?

당연한 이치를
기억하라

━━ 남에게 잘못을 지적당하고 기뻐하는 사람은 없다. 따가운 잔소리를 반기는 사람도 없으며, 꾸지람을 기분 좋게 듣는 사람도 없다. 타인으로부터 비난받으면 누구든 마음이 상하고 의욕을 잃는다. 반면에 칭찬은 어떠한가? 진심이 담긴 칭찬을 들으면 누구든지 기분이 좋아진다. 자신감과 의욕이 샘솟는다.

당신 뜻대로 누군가가 행동하길 바란다면, 우선 칭찬과 격려로 동기를 부여하고 행동하고픈 마음이 들게 만드는 것이 당연한 이치라는 의미다.

010

위대한 사람의
증명

━ 위대한 사람이란 어떤 이를 가리키는 것일까? 영국의 사상가 토머스 칼라일Thomas Carlyle은 이렇게 말했다. "훌륭한 인물의 위대함은 인간을 대하는 태도에서 드러난다. 상대가 그 누구일지라도 말이다."

011

사람은 자기 잘못을
정당화한다

최초의 백화점을 설립한 존 워너메이커John Wanamaker
는 "나는 다른 사람을 비난하는 것이 정말 어리석은 짓임을 30
년 전에 배웠다."라고 고백했다. 워너메이커는 그 교훈을 일찌
감치 배웠지만, 나는 삼십 대 중반이 되어서야 깨달았다. 사람
은 자기 자신을 방어하는 데 급급해서 잘못이 있어도 어떻게
든 정당화하려고 한다. 큰 잘못을 저질러도 좀처럼 인정하지
않는다. 열 올리며 다른 사람을 비난한들 별 효용이 없는 이유
가 여기에 있다. 게다가 누군가를 비난하는 것은 위험하기까지
하다. 자존심에 상처를 입은 상대는 강한 적의를 품기 마련이
기 때문에.

칭찬으로
설득하라

━━ 귀가 따갑도록 설득해도 말이 통하지 않는 사람이 있다. 물론 저항하기 힘든 압력을 가하면 당신이 원하는 대로 움직일 수도 있을 것이다. 그러나 그것은 본심에서 우러나오는 행동이 아니기에 일시적인 효과밖에 낼 수 없으며, 외려 깊은 반감을 살 우려가 있다. 당신의 계획에 누군가가 흔쾌히 동참하도록 설득하기 위해서는 먼저 그가 잘하는 것을 진심으로 칭찬함으로써 자존감을 충족시켜야 한다. 그렇지 않으면 상대는 움직여 주지 않는다. 인간이란 그런 존재다.

013

비난으로
얻을 수 있는 것

━━ 독일의 군대는 어떤 사건이 발생했을 때, 그 자리에서 불만을 표출하거나 다른 이를 비난하는 행위를 규정으로 금하고 있다고 한다. 병사는 불만사항이 있더라도 하룻밤을 보내며 냉정을 되찾도록 지도받으며, 이를 어기면 규정에 따라 처벌받는다. 우리의 일상에도 이런 규칙이 있으면 좋겠다. 무조건 다그치는 부모, 쉴 새 없이 잔소리를 퍼붓는 배우자, 직원에게 윽박지르는 사장처럼 타인의 허물을 들추고 공격하는 것에 무감각한 이들을 만류하기 위한 규칙 말이다. 그들의 행위는 전혀 생산적이지 않으며, 변화를 꾀할 수도 없다. 게다가 아무리 상대를 비난해도 대부분 '그 상황에서는 그렇게 할 수밖에 없었다'라는 방어적인 변명이 돌아오는 것이 현실이다.

014

비난과 비판은
되돌아온다

━━ 명백한 잘못을 저질렀음에도 사람은 자기반성보다는 남 탓을 먼저 하기 마련이다. 이것은 인간의 본성이다. 합당한 비판을 받아도 자신은 잘못한 것이 없다고 믿으려 한다. 누군가를 비판하고 싶어진다면 이 점을 명심하자. 게다가 비난과 비판은 제집을 찾아 다시 돌아오는 비둘기처럼 발화한 이에게 되돌아온다. 단점을 고치도록 도우려는 의도로 건넨 비판일지라도 상대방은 "남 이야기라고 쉽게 말하는 거야?"라고 반론하며 거꾸로 당신을 비난할 것이다.

자신을 악인으로
여기는 자는 없다

━━ 아무리 흉악한 범죄를 저지른 자라도 자신을 묘사할 때는 '내 안에는 선한 마음이 자리 잡고 있다.'라고 주장한다. 나는 이에 관해 악명 높은 교도소의 소장과 흥미로운 대화를 나눈 적이 있다. 소장이 말하기를, 재소자들 중 스스로를 악인이라 여기는 자는 드물다고 한다. 많은 범죄자가 자신은 그저 보통의 시민과 다를 바 없으며 은행강도든 살인이든 '그 상황에서는 어쩔 도리가 없었다'고 변명한다는 것이다. 그것이 논리적인지 아닌지는 차치한 채, 자신의 반사회적인 행위를 정당화하기 바쁘다. 나쁜 일을 하지 않았는데 교도소에 온 것이 이상하다고 끊임없이 주장한다. 유죄를 선고받고 교도소에 수감된 범죄자조차 이럴진대, 세상의 평범한 사람들은 어떠할까?

타인을 조롱하는
끔찍한 실수

━━ 포용과 통합의 리더, 인간관계의 달인으로 알려진 에이브러햄 링컨Abraham Lincoln도 다른 사람을 비난한 적이 있었을까? 물론이다. 젊은 시절 링컨은 타인을 조롱하거나 비판하는 글을 써서 대중에 공개함으로써 당사자를 망신주곤 했다. 하지만 그 글 중 하나가 깊은 원한을 사는 발단이 되었다.

링컨은 허영심이 강하고 난폭한 기질을 지닌 한 정치가를 풍자하는 글을 써서 신문사에 익명으로 투고했고, 정치가는 대중의 조롱거리가 되었다. 자존심에 큰 타격을 입고 격분한 정치가는 글을 투고한 자를 추적했고, 그가 링컨임을 알아내자마자 말을 내달려 결투를 신청했다. 심각한 상황이 벌어질 뻔했으나, 다행히 마지막 순간 양측의 입회인이 가까스로 중재함으로써 결투는 이뤄지지 않았다.

링컨의 생애에서 가장 꺼림칙한 사건이었다. 이 경험을 통해 링컨은 인간관계의 철칙을 배웠고, 두 번 다시 다른 사람을 조

롱하거나 비난하지 않을 것을 다짐했다. 이후 누구에게도 악의
를 품지 않고 자비로운 마음으로 대하는 것을 실천했으며 어떤
일이 있어도 비난하지 않았다.

017

심판하지
말라

━ 타인을 심판하지 말라. 상대방의 입장에 서서 생각해보면
바로 알 수 있다. 당신도 심판받고 싶지 않을 것이다.

018

자신의 결점부터
고친다

━━ 타인의 결점을 지적하는 것이 그 사람의 발전을 돕는 길이라고 생각할 수 있다. 그건 분명 좋은 일이다. 다만 그보다 먼저 고민해야 할 문제가 있다. 당신 자신의 결점부터 개선하는 일 말이다. 부족한 부분을 고치고 더 나은 사람이 되기 위해서는 새해부터 열심히 노력해도 크리스마스까지 걸릴지 모른다. 그렇다면 연말까지 연휴를 즐기고 다른 사람의 결점을 지적하는 것은 내년에 생각해보자. 그것이 당신에게도 훨씬 좋은 일이며 다른 사람의 자존심에 상처 주는 일도 없기에 미움살 걱정도 없다.

중국의 공자도 이렇게 말한 바 있다. "자기 집 현관이 더러운데 이웃집 지붕에 쌓인 눈을 트집 잡지 마라."

019

비난하고 질책해도
성과는 오르지 않는다

━ 남북전쟁 중 링컨 대통령은 조지 미드 장군에게 막다른 상황에 몰린 적군의 장군을 붙잡아 전쟁을 종결시키라는 명령을 내렸다. 하지만 미드 장군은 이런 저런 이유로 작전의 실행을 미뤘고, 그사이 적군은 험지를 탈출해 후퇴하는 데 성공했다. 이에 크게 분노한 링컨은 미드에게 편지를 썼다.

'아무래도 자네는 사안의 중대함을 판단하지 못하는 것 같군! 앞으로 내가 자네에게 무언가를 기대하는 일은 없을 걸세. 전쟁을 끝낼 수도 있는 절호의 기회를 허사로 만들다니, 굉장히 실망스럽네.'

미드는 이 편지를 읽고 어떻게 했을까? 사실 그는 편지를 받지 않았다. 링컨이 애당초 편지를 보내지 않았기 때문이다. 이 편지는 링컨의 사후, 그의 서류 더미 속에서 발견되었다. 나는 링컨이 편지를 쓴 다음 틀림없이 이렇게 생각했으리라 추측한다.

'잠깐만, 이 편지를 보내면 내 원망과 분노는 가라앉을 수 있어도 미드 장군은 몹시 언짢겠지. 아마도 스스로를 정당화하면서 나를 원망할 거야. 결국에 그는 능력을 채 발휘하기도 전에 사임할 우려가 있어. 그건 더욱 큰 손실을 낳겠지.'

아무리 잘못을 비판한들, 비판받는 쪽 대다수는 제대로 반성하지 않는다. 반성은커녕 비판을 불쾌하게 받아들이고 원망과 반감을 품을 뿐이다. 링컨은 그것을 일찍이 터득했다.

020

중요한 인물이 되고자 하는
욕구

— 원하는 방향으로 사람의 행동을 이끄는 방법은 오직 하나다. 그 사람이 '그렇게 행동하고픈 마음'이 들도록 만드는 것이다. 물론 총구를 들이대고 협박하면 명령에 따를 것이다. 해고하겠다 으름장을 놓으면 직원은 지시대로 일할 것이고, 회초리를 들면 아이는 순순히 따를 것이다. 하지만 이런 난폭한 방법은 끝내 좋지 않은 결과를 불러온다.

사람을 움직이는 가장 확실한 방법은 그가 원하는 것을 주는 것이다. 정신분석학자 지그문트 프로이트Sigmund Freud에 따르면 인간 행동에는 두 가지 동기가 있다고 한다. 하나는 성욕이고, 다른 하나는 위대한 인물이 되고 싶다는 욕망이다. 사상가 존 듀이John Dewey는 조금 다른 표현을 사용했다. "인간의 가장 강렬한 충동은 중요한 사람이 되고자 하는 욕망이다." 누구나 중요한 인물로 대접받고 싶은 마음이 있다. 그 욕구를 채워주는 것이야말로 사람을 움직이는 비결이다.

마음의
갈증

━ 우리가 반드시 충족하고자 하는 욕구는 여덟 가지 정도를 꼽을 수 있다. 식욕, 성욕, 수면욕이라는 3대 욕구와 금전, 건강, 내세의 행복, 아이의 행복, 자존감에의 욕구다. 이 가운데 좀처럼 채워지지 않는 것이 자존감이다. 자존감은 자신을 중요한 사람으로 인정해주기 바라는 소망과 연결된다.

링컨은 '사람은 누구나 칭찬받는 것을 매우 좋아한다.'라고 기술했다. 심리학자 윌리엄 제임스William James 는 "인간의 본능 중에서 가장 큰 특징은 중요한 사람으로 인정받기를 갈망한다는 것이다."라고 말했다. 여기서 '원한다'가 아닌 '갈망한다'라는 강한 표현이 사용된 것에 주목하라. 사람은 누구나 칭찬에 목마르다. 그 마음의 갈증을 진실하게 채워주는 소수의 사람만이 타인의 마음을 얻을 수 있다.

022

의욕을 북돋는
최선의 방법

▬ 미국 최대의 철강회사를 설립한 찰스 슈워브Charles Schwab
가 대성공을 거둘 수 있었던 이유는 사람을 대하는 법을 알고
있었기 때문이다. 슈워브가 밝힌 성공 비결은 전국의 가정, 학
교, 회사에 액자로 걸어둘 만하다. 이를 성실히 실천한다면 당
신의 삶은 크게 바뀔 것이다.

"누군가가 지닌 장점의 최대치를 끌어내는 유일한 방법은 칭찬
하고 격려하는 것입니다. 상사, 교사, 부모가 잔소리나 책망을
쏟아내면 상대는 의욕을 잃습니다. 질책이 아닌 열심히 하고자
하는 의욕을 북돋우는 것이 중요합니다. 나는 절대로 다른 사
람을 책망하거나 잔소리하지 않으며, 누군가의 흠을 들추어내
지도 않습니다. 대신 마음에 드는 점을 발견하면 진심으로 아
낌없이 칭찬합니다."

이것이 위대한 기업인으로 역사에 이름을 남긴 슈워브의 신
조다. 그러나 보통 사람들은 딱 이와 정반대로 행동한다. 무언

가 마음에 들지 않으면 바로 잔소리를 퍼붓고, 마음에 드는 부분이 있어도 좀처럼 내색하거나 칭찬하지 않는다. 또한 슈워브는 이렇게 덧붙였다.

"나는 전 세계를 돌며 많은 명사와 인연을 맺었습니다. 그래서 알게 된 사실은, 이미 충분한 성공을 거두고 부와 명예를 가진 사람도 잔소리나 비판과 같은 자극보다는 인정과 칭찬을 받을 때 훨씬 더 의욕적이고 효율적으로 능력을 발휘한다는 것입니다."

023

타인에게
인정받고자 하는 욕망

━━ 타인에게 인정받고자 하는 욕망은 다른 동물과 달리 인간만이 지닌 두드러진 특성 중 하나다. 사람들은 스스로 노력해 거둔 성과를 주변 사람이 인정해주고 중요한 인물로 대접해주기를 바란다. 만약 인류에게 이러한 욕망이 없었다면 문명은 지금처럼 발전하지 않았을 것이며, 우리는 아직도 미개한 삶을 살고 있을 것이다.

가난하고 배운 것 없었던 식료품점의 한 점원은 인정받는 존재가 되겠다는 열망으로 법률 공부에 전념해 변호사가 되었다. 그의 이름은 에이브러햄 링컨이다. 자존감을 지키고 타인으로부터 인정받기 위해 불후의 명작을 남긴 인물도 있다. 찰스 디킨스Charles Dickens는 부모의 파산으로 극빈한 삶을 사는 고통을 겪으면서도 《두 도시 이야기》, 《크리스마스 캐럴》 등의 위대한 작품을 집필해 영국의 국민 작가가 되었다.

024

자신보다 현명한 사람들을
곁에 두었던 자

━━ 철강왕 앤드류 카네기Andrew Carnegie는 스코틀랜드 출신
의 가난한 이민자로 처음에는 공장 노동자로 일을 시작했다.
하지만 마침내 회사를 이끄는 사업가가 되어 제철업에 진출했
고, 비범한 능력을 발휘하며 막대한 부를 쌓아 올렸다. 은퇴 후
에는 자선 활동가로도 널리 이름을 알렸다. 이처럼 무일푼이었
던 카네기가 경이적인 성공을 거둘 수 있었던 비결 중 하나로
꼽는 것이 바로 칭찬하는 능력이다. 카네기는 공석에서든 사석
에서든 상대방에 대한 칭찬을 아끼지 않았다. 그리고 그는 세
상을 떠난 뒤에도 사람들을 칭찬하고 싶었던 모양이다. 생전에
스스로 이런 묘비명을 써 두었다.

'자신보다 현명한 사람들을 곁에 두었던 자, 여기에 잠들다.'

025

지나간 일에
미련 두지 않는다

━━ 역사상 가장 많은 부를 축적한 대부호 존 데이비슨 록펠러John Davison Rockefeller는 어떤 상황에서건 진심이 우러난 칭찬과 감사로 인간관계를 성공적으로 이끌었다.

록펠러의 동업자가 남미에서 사기를 당해 자금의 40%에 해당하는 엄청난 손해를 회사에 끼쳤을 때의 일화다. 상황을 전해 들은 록펠러는 동업자에게 화를 내고 책망했을까? 절대 그러지 않았다. '그 건은 이미 지난 일'이라고 결론지은 록펠러는 동업자를 격려하기로 마음먹었다. 그는 동업자가 최선을 다한 것을 높이 평가하고, 자금의 60%를 회수한 것에 대한 칭찬과 감사를 표했다. 록펠러는 상대의 노고를 위로하며 이렇게 말했다. "정말 잘했네. 그것으로도 훌륭해. 나라면 그조차도 회수하기 어려웠을 거라네."

026

칭찬으로 자신감을
북돋운다

━ 브로드웨이의 전설적인 제작자 플로렌즈 지그펠드Florenz Ziegfeld는 칭찬하는 능력으로 신뢰와 명성을 얻은 사람이다. 그는 아무도 눈길 주지 않을 법한 수수하고 평범한 인상의 여성이라도 무대 위에서 매혹적인 미녀로 변모시키는 데 탁월한 능력이 있었다. 그의 연출로 스타덤에 오른 여배우는 일일이 셀 수 없을 만큼 많았으며, 사람들은 그녀들을 지그펠드 걸즈라고 불렀다. 지그펠드는 배우를 칭찬하고 자신감을 북돋음으로써 그네들이 지닌 매력을 배가시키는 방법을 알고 있었다. 여성들은 그의 찬사와 정중한 배려를 통해 자신의 매력과 재능에 긍지를 가졌다. 물론 지그펠드는 말뿐만이 아닌 금전적인 대우도 잊지 않았는데, 코러스 가수들의 출연료를 여섯 배 가까이 올려주었다. 공연 첫날에는 주연 배우에게 축전을 보냈으며 코러스 걸 전원에게 붉은 장미를 보내는 세심한 배려도 잊지 않았다.

CARNEGIE

027

사람은 음식 못지않게
칭찬과 인정에 굶주려 있다

━ 우리의 소중한 가족이 일주일간 아무런 음식도 먹지 못하고 굶는 상황을 상상해보라. 그들은 점점 쇠약해질 것이며 생명이 위태로워질 수도 있다. 우리는 아마도 엄청난 괴로움과 죄책감을 느낄 것이다.

브로드웨이의 스타 알프레드 런트Alfred Lunt는 "나에게 가장 필요한 건 자존감을 채워주는 칭찬의 말이다."라고 말했다. 생존을 위한 음식 못지않게 사람에게 필요한 것이 소중한 이에게서 듣는 칭찬과 인정의 말이다. 하지만 그런 말을 몇 달 혹은 몇 년 동안이나 듣지 못하는 사람도 많다. 우리는 가족의 건강을 위한 고기와 채소는 끊임없이 챙기지만, 정작 자존감을 채워주기 위한 배려는 소홀히 한다. 진심으로 칭찬하는 일은 까맣게 잊고 지낸다. 만약 우리가 가정에서 칭찬과 인정을 말을 아낌없이 건넨다면, 그 사려 깊은 말은 소중한 이의 머릿속에 아름다운 음악처럼 언제까지고 울릴 것이다.

인사치레는
통하지 않는다

■ "인사치레나 아첨, 할 수 있는 갖은 칭찬을 해봤지만 결과는 잘 풀리지 않았어요. 특히 상대가 똑똑할수록 잘 통하지 않는걸요." 칭찬의 힘에 관해 이야기할 때, 어떤 이들은 이렇게 반론한다. 오해하지 마라. 나는 결코 아첨을 권하는 것이 아니다. 아첨은 속이 빤히 들여다보이는 불성실한 행위다. 상대방에게 속셈을 간파당하므로 효과가 나타나는 일이 거의 없다. 물론 어떤 식으로든 인정받기 위해 혈안이 된 사람이라면 인사치레의 말에도 반응할지 모른다. 이는 굶주려 있는 사람이 잡초를 먹는 것과 같다.

사람의 마음을 흔드는 것은 단순한 겉치레 말이 아닌 진심에서 우러나온 칭찬이다. 제삼자가 보기에 월등히 매력적인 사람과 결코 어울려 보이지 않는 사람이 연애나 결혼에 성공하는 사례를 간혹 볼 수 있는데, 그런 사람들은 진심을 담아 상대를 칭찬하는 데 매우 노련한 능력을 지니고 있다.

029

칭찬과 아첨의
차이

— 영국의 빅토리아 여왕은 감언이설에 약했다. 실제로 당시 총리였던 벤저민 디즈레일리Benjamin Disraeli는 여왕에게 종종 인사치레나 아첨을 늘어놓았음을 인정했다. 디즈레일리는 유능하며 재치 넘치는 정치가로, 언어를 구사하는 솜씨가 천재적일 만큼 탁월했다. 그런 그에게 아첨의 기술은 매우 유용한 수단이었는지는 몰라도, 우리처럼 평범한 사람이 했을 때 같은 효과를 낼 수 있을지는 미지수다. 넓은 안목으로 보면 아첨은 이익보다 손해가 크다. 위조지폐와 같아서 사용하면 낭패를 보기 마련이다.

그렇다면 칭찬과 아첨의 차이는 무엇일까? 단순명쾌하게 말할 수 있다. 칭찬은 성실하지만, 아첨은 불성실하다. 칭찬은 마음이 담겨 있지만, 아첨은 오직 말뿐이다. 칭찬은 이타적인 반면, 아첨은 이기적이다. 칭찬은 누구나 반기지만, 아첨은 대부분의 사람이 거부한다.

030

누구에게서든
반드시 배울 점이 있다

━━ 랠프 월도 에머슨Ralph Waldo Emerson은 "모든 사람은 어떤 면에서든 나보다 뛰어난 부분이 있다. 그렇기에 누구에게든 반드시 배울 점이 있다."라고 말했다. 에머슨과 같은 위대한 사상가조차 이럴진대, 평범한 우리가 타인에게 배울 점은 얼마나 많을까?

당신이 쌓아 올린 성과나 욕망을 내세우는 것을 잠시 멈추고, 타인의 장점을 발견하려는 노력을 해보자. 경박한 아첨의 말이 아닌 진심을 담은 존중의 말로 칭찬하라. 그러면 사람들은 그 말을 평생 소중히 간직할 것이다. 당신은 그것을 잊을지라도 상대방은 언제나 그 말을 기억하며 당신에게 호의를 품을 것이다.

031

욕망을 실현할 수 있는
방법을 보여준다

━━ 사람의 마음을 움직이는 유일한 방법은 그가 원하는 것에 관해 대화하고, 그것을 실현할 수 있는 방법과 비전을 보여주는 것이다. 사람은 누구나 자신의 욕망에 대해 생각하며, 그것을 이룰 방법에 흥미를 보인다. 타인의 소망은 어찌 되어도 상관없다.

누군가에게 어떤 행동을 바란다면 이 점을 먼저 떠올리자. 만약 자녀가 금연하기를 원한다면 설교는 아무 효과가 없다. 부모로서 가지는 당신의 바람에 관해 아무리 이야기한들 귀담아듣지 않을 것이다. 중요한 건 아이 자신의 욕망을 이룰 방법을 보여주는 것이다. 가령 금연하면 야구팀에서 더 많은 활약을 할 수 있다거나 단거리 달리기에서 이길 수 있음을 강조하는 편이 훨씬 효과적이다. 잔소리나 명령으로 무언가를 억지로 시킬 필요가 없고, 서로 만족스럽게 문제를 해결할 수 있다.

032

욕구를
불러일으킨다

━━ 우리가 태어난 날부터 지금까지 해온 모든 행위는 우리가 원하는 바를 얻기 위한 행동이다. 백 달러를 자선단체에 기부한 사람도 예외는 아니다. 그는 남을 돕는다는 숭고한 행위를 통해 보람과 기쁨을 얻길 원했고, 기부함으로써 요구를 충족시켰다. 즉 사람을 움직이려면, 그렇게 행동함으로써 얻는 바에 대한 욕구를 상대의 마음속에 먼저 불러일으켜야 한다는 뜻이다. 그것이 가능한 자는 누구든지 자신의 편으로 만들 수 있지만, 그렇지 못한 자는 한없이 고군분투하게 될 것이다.

033

타인의 행동을
원하는 대로 이끄는 요령

━ "어떻게 하면 그 사람이 이 일을 원하도록 만들 수 있을까?" 누군가에게 바라는 점이 있다면, 무턱대고 지시나 설득의 말을 꺼내기 전에 이렇게 자문해보자. 그러면 당신이 바라는 것을 상대방에게 어필하기 위해 애써 설명하거나 노력하지 않아도 된다.

034

논쟁은
가급적 피하라

━━ 논쟁은 가급적 피하는 것이 좋다. 논쟁에 열을 올리고 난 후에는 씁쓸한 마음만 남을 뿐이다. 타인의 잘못을 지적하고 증명해봤자, 자존심에 상처를 입은 상대방은 자기 잘못을 순순히 인정하지 않는다. 논쟁에서 이기면 당신이 옳았다는 우월감이나 잠깐의 성취감을 느낄 수는 있겠다. 하지만 굴욕을 느낀 상대방은 당신을 미워하게 될 것이며, 당신이 바라는 방향으로 흔쾌히 움직여주는 일은 생기지 않을 것이다.

035

상대방의 관점에서
바라본다

━━ 포드자동차의 설립자 헨리 포드Henry Ford 는 좋은 인간관
계를 맺는 기술에 대해 이렇게 말했다. "내게 단 하나의 성공
비결이 있다면 타인의 사고방식을 이해하고, 내 관점뿐 아니라
상대방의 관점에서도 사안을 바라보는 것이다."

너무도 단순명쾌한 이 말은 누구라도 진리임을 알 수 있지만,
세상 사람의 90%가 열에 아홉 번은 이 말을 잊어버리고 산다.

세일즈의
핵심

━━ 수많은 영업사원이 실적을 올리기 위해 매일 파김치가 되도록 뛰어다니지만, 만족할 만한 성과를 거두는 것은 소수에 불과하다. 어째서일까? 그들은 자신이 원하는 것만 생각하기 때문이다. 할당량을 달성할 생각에만 몰두해 있을 뿐, 구매할 필요를 느끼지 못하는 고객의 감정은 고려하지 못한다.

생각해보라. 사람의 관심사는 언제나 자기 자신이다. 영업사원이 내놓은 상품이나 서비스가 우리에게 닥친 문제를 해결하는 데 도움 된다는 사실만 확실히 알아도, 누구보다 우리가 먼저 나서서 사려 할 것이다. 그리고 사람은 타인의 설득이나 권유보다는 자기 의지로 선택하고 구매하는 것을 더 선호한다.

037

마음이 움직이는
원리를 깨닫지 못하면

━━ 고등교육기관을 거치며 온갖 난해한 지식과 이론에 통달했을지라도 정작 자신의 마음, 즉 사람의 마음이 어떻게 움직이는지에 대해서는 깨닫지 못하는 사람이 많다.

대학교를 졸업하고 대기업에 갓 입사한 한 청년이 사내 모임에서 농구 게임의 참가 인원을 모으고자 다음과 같이 제안했다. "저는 농구 게임을 함께 하실 분을 찾고 있습니다. 농구를 정말 좋아하지만, 같이 할 인원이 통 채워지지 않아 게임을 하지 못하고 있거든요. 얼마 전에도 두어 명이 그저 패스만 돌리다 공에 눈을 맞아 멍들었지 뭐예요. 함께 뛰실 분은 내일 저녁 회사 체육관에 와주시면 정말 기쁠 것 같습니다. 게임을 꼭 할 수 있었으면 좋겠네요."

어떤가? 이 청년은 자신의 감정과 욕구만 늘어놓았을 뿐 다른 이의 마음은 일체 고려하지 않았다. 남을 이용해 자신의 목적을 채우려고 하는 인상만 남겼다. 다른 사람들이 체육관에 오게끔 설득하고 싶었다면, 그로 인해 얻을 수 있는 장점이나 사람들의 욕구 충족에 도움이 되는 정보를 알렸어야 한다. 체력을 기를 수 있다든가, 동료들과 친분을 쌓을 수 있다든가, 승부를 즐기면서 업무 스트레스를 날린다든가 하는 다양한 이점 말이다. 누군가의 마음속에 욕구를 불러일으키고 그것을 실현하는 방향을 제시하는 것이 사람의 마음을 움직이는 비결이다. 이를 잘 행하는 자는 많은 사람들에게 환영받지만, 그렇지 못하는 자는 외면당한다.

038

자신의 욕구와 타인의 욕구를 연결 짓는다

━━ 심한 편식으로 밥을 잘 먹지 않는 어린 아들이 걱정인 부모가 있었다. 저체중인 데다 또래보다 성장도 더뎠기에 부모는 식사시간이 되면 조금이라도 많이 먹이기 위해 진땀을 뺐다. "우리 아들이 이걸 다 먹으면 엄마는 정말 기쁠 텐데 말이지.", "음식을 가리는 습관은 나쁜 거야. 골고루 많이 먹어야 아프지 않고 뼈도 튼튼해진단다!" 아이는 부모의 말에 관심이나 가졌을까? 당연히 아니다.

그리고 마침내 부모는 자신들의 소망과 아이의 소망을 연결 지어야 한다는 것을 깨달았다. 그럼 아이의 소망은 무엇일까? 아이는 세발자전거 타는 것을 무척 좋아했지만, 이웃에 사는 덩치 큰 개구쟁이가 걸핏하면 자전거를 빼앗아 타는 일이 벌어져 울상이었다. 그때마다 아이는 울면서 엄마에게 달려왔고, 엄마가 세발자전거를 찾아 와 아이를 달래는 일이 일상이었다. 이제 아이의 소망이 무엇일지는 모두가 추측할 수 있을 것이다.

아이는 상처 입은 자존심을 회복하고 부당함을 바로잡고 싶었을 것이다. 자신을 괴롭히는 개구쟁이에게 맞서서 복수하고 싶었을 것이다. 그래서 부모는 아이가 원하는 바를 이루는 방법을 말해주었다. 자존감을 되찾고 투지를 불태우도록 자극한 것이다.

"잘 먹기만 하면 금세 그 친구보다도 힘이 세지고 몸도 쑥쑥 크겠지. 그러면 오늘처럼 또 자전거를 뺏길 일은 없을 거야. 혹시라도 널 괴롭히려고 다가오면 본때를 보여줄 수도 있을 테지. 이걸 잘 먹기만 하면 말이야."

아이의 편식 문제는 얼마 되지 않아 해결되었다.

세상은 자기 이익을 쫓는 사람들로 넘쳐난다

━━ 세상은 자기 이익만을 추구하는 사람들로 넘쳐난다. 그렇기에 오히려 이타적인 마음으로 타인을 도우려 노력하는 극소수의 사람들이 압도적으로 유리하다. 경쟁 상대 또한 드물어 수많은 기회가 주어진다. 제너럴 일렉트릭사의 이사장을 오랫동안 역임한 오언 D. 영Owen D. Young은 이렇게 단언했다. "타인의 입장에 서서 생각하고, 그들의 기분을 이해할 수 있는 사람은 장래의 일을 걱정할 필요가 전혀 없다."

040

자기표현의 욕구를
자극한다

━━ 일찍이 비평가 윌리엄 윈터William Winter는 "자기표현의
욕구는 인간의 기본적인 욕망 중 하나다."라고 말했다. 이 심리
를 비즈니스에 응용해보자.

가령 당신이 프로젝트를 성사시키기 위해서 누군가의 조력이
반드시 필요한 상황이라고 하자. 그때 당신이 떠올린 기발한
아이디어를 상대에게 은근히 귀띔해주어 그의 아이디어라고
생각하게 만드는 것은 어떨까? 자기표현을 할 기회를 주는 것
이다. 그는 이 멋진 아이디어가 자신의 발상이라 믿고 좋아하
게 될 것이며, 나아가 누구보다 적극적으로 실행에 옮기려 할
것이다.

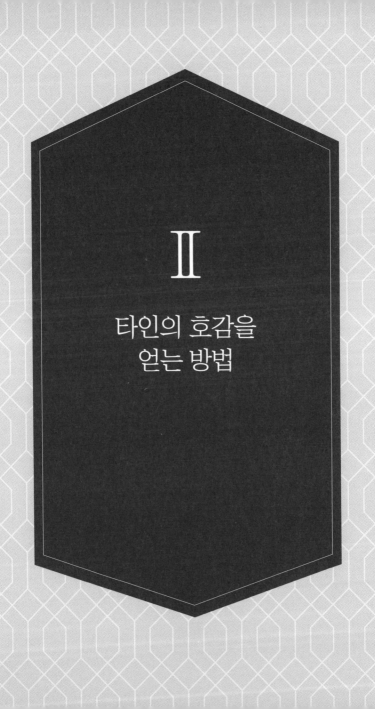

II

타인의 호감을
얻는 방법

사람의 마음을 얻다

041

우리가 가장 관심 두는 것은
바로 나 자신이다

■ 많은 사람이 타인의 관심을 얻으려 안간힘을 쓰지만, 사실 그 대부분은 소용없는 노력이다. 인간은 나 아닌 타인에게 무관심하기 때문이다. 우리가 가장 관심을 두는 것은 바로 나 자신이다. 잠든 시간 빼고는 내내 그럴 것이다. 친구들과 함께 찍은 단체 사진을 볼 때 당신의 눈이 맨 처음 쫓는 것은 누구인가? 사람들이 당신에게 관심이 많다고 믿는다면 가슴에 손을 얹고 생각해보자. '만약 오늘 내가 죽는다면 장례식에 몇 명이나 와줄까?'

누군가의 관심을 얻고 싶다면, 일단 당신이 먼저 관심을 보내는 것이 현명하다. 당신이 남에게 관심을 두지 않는데 그들이 당신에게 관심을 가질 리 없다. 관심받기 위한 목적으로 자신의 장점을 늘어놓는 것만으로는 좋은 친구를 사귈 수 없으며, 진정한 친구는 그런 식으로 맺어지지 않는다.

타인에게
무관심한 사람

━━ 오스트리아의 심리학자 알프레드 아들러Alfred Adler가 한 말은 매우 의미심장하다. "타인에게 아무런 관심도 가지지 않는 사람은 인생에서 커다란 곤경과 실패를 경험하며, 남에게도 해를 끼친다. 인간이 저지르는 모든 실패는 이런 유형으로부터 비롯된다."

오로지 자신만 생각하고 타인의 문제에 무관심한 사람은 성실한 인간관계를 맺을 수 없으며 성공을 기대하기도 어렵다.

043

모든 이에게
순수한 관심과 배려를

━━ 찰스 엘리엇Charles Eliot은 40년이라는 긴 세월 동안 하버드 대학교의 총장을 지낸 뛰어난 교육자이자 지도자다. 그는 타인에 대한 순수한 관심과 배려를 아끼지 않는 사람이었다. 경청하는 능력이 뛰어나 누구의 말도 허투루 듣지 않았으며, 작은 일에도 세심한 배려를 기울여 응대했다.

하루는 어느 신입생이 장학금 문제로 총장실을 방문했다. 기분 좋게 면담을 마친 학생이 감사의 인사를 하고 자리를 뜨려 하자, 엘리엇이 학생을 다시 붙잡았다. 그리고 "지금 자취한다고 했는데, 식사는 잘 챙겨 먹고 다니는가? 나도 학생 시절 자취를 했는데, 평소 식사만큼은 굉장히 신경을 썼다네."라고 말하며 그만의 특별한 조리법을 하나하나 상세히 알려주는 등 살뜰한 배려를 아끼지 않았다.

044
사람을 움직이는
방법

━━ 사람은 자신을 칭찬해주는 사람을 좋아한다. 그건 서민이든 왕이든 매한가지다. 독일 황제 빌헬름 2세를 예로 들어보자. 1차 세계대전 말, 아마도 그는 전 세계에서 가장 큰 미움을 받은 인물이었을 것이다. 패전 후 자신의 안위를 염려해 독일을 등지고 네덜란드로 망명한 황제에게 독일 국민들의 지탄과 경멸이 쏟아졌다.

그처럼 대중의 격한 분노와 원성이 소용돌이치던 가운데, 한 소년이 '세상이 뭐라고 하든 영원히 빌헬름 2세를 황제로 존경하고 사랑합니다.'라는 편지를 황제에게 보냈다. 소년의 편지에 감동한 황제는 그를 성으로 초대했고, 소년은 미망인이었던 어머니와 함께 황제를 만났다. 당시 황후가 세상을 떠나고 혼자였던 황제는, 그 만남을 계기로 소년의 어머니와 결혼했다. 소년은 이 책을 읽을 필요가 없다. 사람을 움직이는 방법을 직감적으로 알고 있기 때문이다.

시간과 노력, 진심 어린 관심이
필요하다

━━ 친구를 사귀고 싶다면 시간과 성실한 노력, 진심 어린 관심이 필요하다. 보답을 바라지 말고 상대가 기뻐할 만한 무언가를 하라. 영국의 윈저 공은 황태자였던 시절, 남미 순방을 떠나기 몇 개월 전부터 스페인어를 공부했다. 남미의 국민 앞에서 그들의 언어로 연설하기 위함이었다. 실제로 윈저 공은 연설 후 현지인들의 열렬한 환호와 지지를 받았다. 사람들은 자신을 위해 상대가 시간과 노력을 쏟아 무언가를 할 때, 그 사려 깊음에 감동하는 법이다. '날 위해 이렇게까지 신경 써주다니, 이 사람 진심인 건가!'라는 감정을 느낀다. 상대가 무엇에 기뻐할지 진지하게 고민하고, 그것을 성실하게 실행에 옮기자.

046

친구의 생일을
기억하라

━━ 나는 꽤 오래전부터 습관처럼, 만나는 이들의 생일을 자연스럽게 알아내어 기록하고 있다. 상대의 의심을 사지 않고 생일을 알아내는 방법은 보통 이런 식이다. 나는 점성술에는 흥미가 없지만 일단 이렇게 질문한다. "태어난 날이 그 사람의 성격이나 기질과 관련이 있다고 생각해? … 혹시 괜찮으면 생일을 알려주겠어?"라고 말이다. 상대가 답하면 그 날짜를 마음속으로 되뇌다가 헤어지고 나면 재빨리 그의 이름과 생일을 수첩에 기록한다. 그리고 매년 해가 바뀔 때마다 친구들의 이름과 생일을 달력에 옮겨 적고, 그날이 가까워지면 자필로 축하 카드를 써서 보낸다. 이 방법은 늘 기분 좋은 반응으로 되돌아온다. 수많은 친구 중에서 자신의 생일을 기억하는 사람은 거의 나뿐이었으니 말이다.

화려한 장식보다
가치 있는 것

━ 뉴욕에서 열린 만찬회에 참석한 어느 여성이 연회장에 모인 사람들에게 좋은 인상을 남기기 위해 애를 쓰고 있었다. 거액의 재산을 상속받은 그녀는 값비싼 모피와 다이아몬드, 진주로 전신을 치장하고 나타났는데, 정작 가장 중요한 부분에는 조금도 신경 쓰지 않았다. 그녀의 얼굴에는 심술과 이기심, 언짢음이 고스란히 드러나 있었기 때문이다. 아무래도 그녀는 사람의 심리를 전혀 모르는 듯하다. 사람들은 여성이 휘감고 있는 화려한 장식보다 그녀의 표정에서 전해지는 메시지를 훨씬 중요하게 받아들인다는 사실을 말이다.

행위는 말보다
더 웅변적이다

━━ 거대 철강회사의 회장 찰스 슈워브는 자신의 미소에는 백만 달러의 가치가 있다고 나에게 말한 적이 있다. 분명 슈워브에게는 사람을 끌어당기는 매력이 있었고, 그것이 기업가로서 대성공을 거둘 수 있는 요인이었다. 그리고 그 매력 중 가장 큰 것이 항시 만면에 머금은 미소였다. 그는 인간관계의 진리를 잘 알고 있었던 듯하다.

'행위는 말보다 더 웅변적이다.'라는 격언이 있다. 이 말에 공감하지 않을 수 없다. 미소는 행위 자체만으로도 '나는 당신이 좋다. 당신과 만나서 기쁘다'라는 생각을 상대에게 명료하게 전한다.

049

작위적인 웃음은
역효과를 준다

━━ 백화점의 한 채용 담당자는 "사원 면접을 볼 때 무뚝뚝한
표정의 고학력자보다는 학력이 낮을지라도 매력적이고 상냥한
미소를 지닌 사람을 채용한다."라고 밝혔다. 미소는 업무에서
든 일상생활에서든 관계를 성공적으로 이끄는 원동력이다. 단,
일말의 진심 없이 작위적으로 꾸며낸 미소는 예외다. 상대는
그것을 꿰뚫어 보고 불쾌감을 느낀다.

050

매일
미소를 지어라

— 나는 강좌에 참여한 사람들에게 일주일간 주변 사람에게 아낌없는 미소를 지어 보이고, 그 결과를 들려달라고 요청한 적이 있다. 과연 미소는 어떤 힘을 발휘했을까? 참여자 가운데 증권 중개업에 종사하는 한 남성이 들려준 이야기를 소개한다. 미리 밝히자면 이 남성이 경험한 변화는 특별한 예가 아니란 점이다. 나는 이와 비슷한 결과를 수백 건이 넘도록 들은 바 있다.

"결혼한 지 20년이 다 되어 가지만, 아침에 일어나서 회사에 갈 때까지 아내에게 미소를 지은 적이 거의 없었어요. 저는 항상 찌푸리거나 무표정한 얼굴을 하고 있었습니다. 그러다 선생님의 제안을 듣고 진지하게 실행에 옮겨보기로 마음먹었지요. 매일 아침 거울을 보며 오늘 하루 뚱한 표정을 버리고 미소 짓자고 나 자신에게 주문을 걸었습니다. 아침 식탁에 앉아서 아내에게 잘 잤냐는 인사를 건네며 미소를 지었지요. 처음에 아내는 충격을 받은 것처럼 놀란 반응을 보였지만, 저는 계속했습니다. 아침마다 미소 짓는 저를 보며 아내의 표정도 점차 달라지기 시작했습니다. 그러자 전에 없던 행복감을 느낄 수 있었어요. 우리 집의 분위기는 완전히 바뀌었습니다. 그 후 저는 아파트 경비원에게도, 지하철의 역무원에게도 미소를 지었습니다. 증권 거래소에서도 웃으면서 일하고, 고객의 불만을 들을 때도 밝은 얼굴로 응대했습니다. 그 결과 업무에서도 큰 성과를 거두었지요. 아무래도 미소에는 마법같은 힘이 있는 듯합니다."

051

우정과 행복을
끌어오는 힘

━━ 아래는 어느 세일즈맨으로부터 받은 편지의 내용이다.

"저는 거래처뿐 아니라 함께 일하는 사람들에게까지 언제나 차가운 사람이라는 인상을 주며 살았습니다. 그런데 선생님의 강의를 듣고 미소 짓는 습관을 들인 덕분에 '생각했던 것과 많이 달라 보인다', '인간미가 있어 보인다'는 말을 자주 듣게 되었습니다. 이제 저는 남을 비난하거나 불평하지 않습니다. 대신 미소와 칭찬, 감사의 말을 아낌없이 하도록 노력합니다. 그리고 내 주장이나 요구를 밀어붙이기보다는 상대의 의견을 받아들이고 이해하려고 합니다. 이 모든 것은 저의 삶을 근본적으로 변화시키고 있습니다. 우정과 행복을 모두 얻을 수 있었으니까요. 결국 인생에서 가장 큰 의미가 있는 것은 이 둘이라는 생각이 들더군요."

이 편지를 쓴 사람은 여전히 치열한 영업 현장의 경쟁 속에서 성공을 쌓아 올리고 있다.

행복한 듯이 행동하면
행복해질 것이다

━━ 영 웃을 기분이 아니라면 어떻게 해야 할까? 그럴 때는 억지로라도 미소를 지어보자. 주변에 아무도 없다면 휘파람을 불거나 즐거운 음악을 흥얼거려보자. 마치 행복한 듯이 '행동' 하면 이윽고 행복한 '기분'이 든다. 하버드 대학교의 심리학자 윌리엄 제임스는 이렇게 말했다.

"행위는 감정을 따르는 듯이 보이지만, 실제로 행위와 감정은 동시에 일어납니다. 그래서 의지로 통제 가능한 행위를 조정하면, 감정도 간접적으로 제어할 수 있습니다. 유쾌한 상태가 아닐지라도 마치 즐거운 듯이 말하고 웃으면, 이윽고 감정까지도 즐거운 상태로 전환되는 것이지요."

언제나 환영받는
방법

━━ 메이저리그에서 삼루수로 활약했던 프랭크 베트거Frank Bettger는 선수생활 은퇴 후 미국 보험업계 세일즈의 전설적인 인물이 되었다. 그가 자신의 성공 비결을 나에게 밝힌 적이 있다. 베트거 또한 처음 한동안은 수많은 좌절과 실패를 경험했지만, 마침내 미소 짓는 사람은 언제나 환영받는다는 사실을 깨달았다고 한다. 그는 항상 고객을 만나는 자리에 들어가기 전, 잠시 멈춰 서서 호흡을 고르며 감사해야 할 많은 것을 떠올린다. 그리고 진심 어린 미소를 얼굴에 머금는다. "이 간단한 기술이 보험 세일즈맨으로서 대성공을 거둘 수 있었던 힘입니다." 그는 이렇게 단언했다.

054

웃지 못한다면
장사를 하지 마라

━ 먼 옛날 중국인은 지혜로웠으며 세상 물정에 밝았다. 우리는 그들의 속담을 기억해야 한다.

"웃지 않는 자는 장사를 해선 안 된다."

CARNEGIE

055

미소는
마음을 치유한다

━ 유명 카피라이터가 크리스마스 특수를 앞둔 백화점의 의
뢰를 받아, 다음과 같이 재치 넘치는 광고를 만들었다.

'미소는 비용을 들이지 않고도 굉장한 혜택을 가져다줍니다. 미
소는 받는 이는 마음을 풍요롭게 만들되, 주는 이의 마음을 빈
곤하게 만들지 않습니다. 우리가 미소를 보내는 이유는 당신에
게 진심을 전하기 위함입니다. 미소 짓는 건 순간이지만 당신의
마음에는 아로새겨집니다. 미소는 가정에 행복을, 사업에 번영
을, 벗에게 우정을 전합니다. 피곤에 찌든 마음을 보듬고, 우울
한 이에게 용기를 주며, 고민하는 이들에게 희망을 건넵니다.

그렇기에 소중한 고객님께 부탁드립니다. 혹여 우리 매장의 판
매원 중 누군가가 너무도 지친 나머지 미소를 띠는 일조차 하
지 못하고 있다면 당신이 따뜻한 미소를 한번 보내주시지 않겠
습니까? 미소 짓기도 어려울 만큼 지친 이에게 진심이 담긴 미
소만큼 힘이 되는 것은 없기 때문입니다.'

056

이름을
기억하라

━━ 미국의 장관과 국회의원을 지낸 짐 팔리Jim Farley는 열 살
이 되던 해에 아버지를 잃었다. 생계를 잇기 위해 일찍부터 공
장에 나가 일해야 했기에 정규 교육도 충분히 받지 못했다. 그
렇지만 천성적으로 붙임성 좋고 쾌활한 성격 덕분에 많은 이의
사랑을 받았고 성인이 되어 정계에 진출하기에 이르렀다. 고등
학교 졸업장은 없었어도 사십 대 중반에 이미 4개 대학에서 명
예학사 학위를 받았으며, 체신부 장관에 임명되기도 했다.

결정적으로 팔리는 사람의 이름을 기가 막히게 기억하는 놀라
운 능력이 있었다. 그를 만난 자리에서 "당신의 성공 비결은 만
여 명의 이름을 기억한 일인 것 같군요."라고 내가 말하자, 그
는 내 말을 즉각 정정했다. "아뇨. 나는 5만 명의 이름을 기억
하고 있답니다." 대통령 선거에서 참모로 활동하며 프랭클린
루스벨트의 당선에 큰 역할을 할 수 있었던 것도 이름을 기억
하는 능력 덕분이었다. 팔리는 새로운 사람을 알게 되면 그의

이름과 가족 구성, 하는 일, 정치적인 성향을 메모하고 암기
했다. 그리고 1년이 지난 후일지라도 그 사람을 다시 만나면 잊
지 않고 아내와 자녀의 안부를 묻거나, 그 집에서 가꾸던 식물
이 잘 자라고 있는지까지도 살뜰히 챙겼다. 이처럼 세심하고
철저한 배려에 열렬한 지지자가 늘어난 것은 너무도 당연한 결
과였다.

사소한 무관심이
낭패를 부른다

━━ 이름을 기억하고 친밀함을 담아 부르는 행위는 호명된 당사자가 은근한 호의를 품게 만드는 힘이 있다. 반면, 누군가의 이름을 잊거나, 잘못 부르거나, 철자를 틀리는 실수는 낭패를 가져오기도 한다. 나 역시 뜻하지 않게 난처한 상황에 부닥친 적이 있다. 프랑스 파리에서 연설법 강좌를 기획했을 때의 일이다. 나는 현지에 거주 중인 미국인들에게 타이핑한 서신을 보냈다. 문제는 프랑스인 타이피스트가 영어가 서툴렀던 탓에 몇몇 사람의 이름을 틀렸다는 점이다. 그로 인해 나는 미국 대형은행의 파리지점 임원이 보낸 매서운 힐책과 항의의 서신을 받아야만 했다.

058

누구나 자신의 이름을
소중히 여긴다

━━ 위대한 기업가로 칭송받는 앤드류 카네기의 성공 비결은 무엇이었을까? 철강왕이라 불린 그였지만 강철 제조에 대해서는 사실 아는 바가 거의 없었다. 대신 그는 강철에 관해 누구보다 잘 아는 수백 명의 전문가를 자기 사람으로 만들었다. 그는 어린 시절부터 사람을 움직이는 법을 깨달았다. 열 살 무렵 인간은 자신의 이름에 많은 의미를 부여한다는 사실을 깨달았고, 그 점을 이용해 사람들의 협력을 구하는 데 성공했다. 기업가가 되어서도 그 같은 심리를 비즈니스에 응용했다. 그가 P 철도회사에 레일을 팔기 위한 계획을 세울 당시, P 철도회사의 사장은 에드거 톰슨이라는 인물이었다. 그래서 카네기는 거대한 강철공장을 건설했고 그 공장의 이름을 '에드거 톰슨 강철공장'으로 칭했다.

여기서 질문이다. P 철도회사가 강철 레일이 필요해졌을 때 톰슨 사장은 어느 철강회사와 거래했을까?

059

상대를 존중함으로써
얻는 것

━━ 앤드류 카네기의 회사와 조지 풀먼George Pullman의 회사는 유니언 퍼시픽 철도회사의 침대 열차 사업을 수주하기 위해 치열한 경쟁을 벌이고 있었다. 그 와중에 카네기와 풀먼은 유니언 퍼시픽 철도회사의 경영진과 교섭하기 위해 뉴욕으로 갔지만, 과열된 경쟁 탓으로 적자에 가까운 입찰가가 형성되는 등 난관에 봉착했다.

어느 날 저녁, 카네기는 풀먼과 호텔 로비에서 만나 이렇게 제안했다. "서로가 불이익을 감수하는 이런 바보 같은 일은 관두고 함께 합병 회사를 만드는 게 어떻겠습니까?" 풀먼은 카네기의 제안이 매우 합리적이라는 생각을 했지만, 아직 확신이 서지 않았다. 한 가지 짚고 넘어가야 할 점이 있었다. 합병의 이점에 대한 카네기의 설명이 이어졌고, 이윽고 풀먼이 물었다. "그럼 새 회사의 명칭은 무엇으로 할 건가요?" 카네기는 즉각 "당연히 '풀먼 팰리스 객차회사'죠." 라고 대답했다. 그제야 풀

먼의 얼굴에 서렸던 긴장이 풀어졌다. "그 이야기 분명히 해둡
시다."

사람은 자기 이름에 대한 애착이 남다르다는 사실을 알고 있던
카네기의 재기가 발휘된 일례다. 그의 제안은 산업계의 역사를
바꾸었다.

이름을 후세에
남기길 원한다

— 인간은 자기 이름에 큰 자부심을 느끼고 있으며, 어떻게 든 자신의 이름이 후세에 남길 원한다.

위대한 쇼맨이라 불린 흥행의 천재 P. T. 바넘은 자신의 이름을 계승할 아들이 없었다. 그래서 손자인 C. H. 실리에게 '바넘 실리'로 개명한다면 거액을 주겠다고 제안했다. 18세기의 대부호들은 작가를 후원하는 조건으로, 책의 첫머리에 '이 책을 누구누구에게 바친다.'라는 헌사를 요청하는 일이 종종 있었다.

도서관과 박물관이 고가의 예술품을 소장하고 있는 것도 이름이 잊히는 것을 견디지 못한 사람들의 기증 덕분이다. 가령 뉴욕 공립도서관에는 설립 기금을 조성했던 존 애스터와 제임스 레녹스의 컬렉션이 보관되어 있고, 메트로폴리탄 미술관에는 벤저민 알트만과 J. P. 모건의 이름이 새겨져 있다. 수많은 교회의 스테인드글라스 창에도 헌금한 자들의 이름이 남겨져 있다.

061

시간과 노력이
부족하기 때문이다

━━ 우리가 다른 사람의 이름을 기억하지 못하는 것은 그것에 필요한 시간과 노력을 들이지 않기 때문이다. 우리는 바쁘다는 변명을 앞세워 자신의 태만함을 숨긴다. 그러나 아무리 바빠도 프랭클린 루스벨트Franklin Roosevelt 대통령만큼 바쁘지는 않을 것이다. 루스벨트는 지위와 신분을 막론하고 모든 이의 이름을 정확히 기억했으며 차별 없이 대우했다. 가령 회합을 마친 참석자들이 모여 담소를 나누고 있을 때, 루스벨트는 가까이에서 대기하고 있는 짐꾼의 이름까지 기억하며 이렇게 청하곤 했다. "자, 이쪽으로 와서 함께 기념사진을 찍어요."라고 말이다.

CARNEGIE

062

진심을 담은
인사

━━ 크라이슬러사의 사장 W. F. 체임벌린W.F. Chamberlain은
다리가 불편한 프랭클린 루스벨트 대통령을 위해 손으로 모든
것을 작동시키는 특별한 차를 제작했다. 그는 차 사용법을 설
명하기 위해 엔지니어와 함께 백악관을 방문했다. 체임벌린은
당시를 돌이켜보며 "나는 대통령에게 자동차를 작동하는 방법
을 설명했지만, 대통령은 나에게 사람을 움직이는 법을 가르쳐
주었습니다."라고 술회했다.

"백악관에 들어서자 대통령은 내 이름을 부르며 매우 사려 깊
고 유쾌하게 응대해 주었습니다. 대통령은 나와 동행한 엔지니
어의 이름을 한 차례 물었는데, 그 엔지니어는 수줍음이 많은
터라 내가 조작 방식을 설명하는 내내 뒤쪽에 멀찍이 물러나
있었지요. 그런데 자리가 마무리될 즈음 대통령이 엔지니어를
찾더니 그의 이름을 부르며 따뜻하게 악수를 청했고, 오늘 와
줘서 고맙다는 인사를 건넸습니다. 단순한 인사치레가 아닌 진

심이 담긴 인사였음을 누구나 느낄 수 있었어요. 그리고 뉴욕에 돌아온 나에게 며칠 후 대통령의 서명이 들어간 사진과 감사의 편지가 도착했습니다. 이렇게 바쁜 사람이 어떻게 시간을 내어 이렇게까지 해주는지 불가사의할 따름이었죠."

063

매너는 소소한 노력의 축적으로 만들어진다

━━ 나폴레옹 3세는 황제의 소명과 책무를 다하기 위해 많은 일정을 소화하면서도 만나는 모든 사람의 이름을 기억했고, 그에 대한 자부심이 있었다. 황제가 이름을 기억하는 기술은 지극히 단순했다. 상대방의 이름을 제대로 듣지 못하면 "미안하네. 잘 듣지 못했네."라고 즉각 되물었고, 흔하지 않은 이름이라면 "그 이름은 어떻게 쓰는 건가?"라고 스스럼없이 질문했다. 나폴레옹 3세는 상대가 중요한 인물이라면 더욱 특별한 노력을 기울였다. 혼자가 되는 즉시 그 사람의 이름을 종이에 적고 그곳에 의식을 집중해 머릿속에 새긴 후, 종이를 찢어버렸다. 청각뿐 아니라 시각적인 이미지를 더하는 방법으로 기억을 강화한 것이다.

이 모든 것에는 많은 시간과 공이 든다. 그러나 충분히 그 만한 가치가 있다. "좋은 습관은 소소한 노력의 축적으로 만들어진다."라는 사상가 에머슨의 말처럼.

064

사람은 자신의 이야기를
들어줄 사람을 갈구한다

━━ 파티에서 만난 사람들과 인사를 나누던 중에, 내가 유럽의 여러 지역을 다닌 경험이 있음을 알게 된 한 여성이 화색을 띠며 대화를 청했다. "오, 카네기 씨! 그간 다녀온 유럽의 멋진 곳들과 아름다운 풍경에 대해 자세히 듣고 싶군요!"

하지만 나는 이야기를 들려줄 수 없었다. 본격적으로 대화를 나누기 위해 자리에 앉자마자 여성은 최근 자신이 다녀온 아프리카 여행에 대한 이야기를 꺼냈고, 한 시간 가까이 그녀의 추억이 장황하게 펼쳐졌기 때문이다. 유럽에 대해서는 아예 묻지도 않았다. 당연하다. 그녀가 필요했던 건 자신의 이야기를 성실하게 들어줄 누군가였으니 말이다.

여성이 무례하거나 혹은 유별난 사람이라고 생각하는가? 아니, 대개의 사람이 그녀와 별반 다르지 않다. 누구나 자신의 이야기를 경청해줄 사람을 갈망한다.

CARNEGIE

065

재치 있고 즐거운
대화 상대가 되려면

━━ 어느 만찬회에 참석했을 때의 일이다. 나는 저녁 내내 다른 손님들과는 인사조차 제대로 나누지 않은 채, 저명한 식물학자의 이야기에 몰두해 있었다. 사교적인 행사에서 예의에 어긋난 행동이었지만, 식물학자의 흥미로운 이야기는 나를 완전히 매료시켰다. 자리가 끝날 무렵 식물학자는 만찬회의 주최자에게 나를 '정말 재치 있고 즐거운 대화 상대'라며 열렬히 칭찬했다. 그는 내가 대화에 노련하다고도 했는데, 재미있는 점은 나는 말 없이 그저 식물학자의 이야기를 듣기만 했다는 사실이다. 그리고 그를 감동케 한 지점은 바로 그것이었다.

작가 잭 우드포드Jack Woodford는 "누군가가 자신의 이야기를 집중해서 들어주는 것은 영광스러운 일이며, 그것을 싫어하는 자는 거의 없다."라고 말했다. 나는 여기에 한 가지를 덧붙였다. 식물학자와의 작별 인사에서 "정말 지식이 풍부하시네요. 이야기를 들어서 무척 즐거웠고, 많이 배웠습니다. 꼭 다시

만나고 싶군요."라고 진심 어린 소감을 전했고, 그 말은 식물학
자의 마음을 사로잡았다.

비즈니스를 성공으로 이끄는
상담의 비결

━━ 하버드 대학교의 전 총장인 찰스 엘리엇 박사는 성공적인
비즈니스를 위한 상담 비결에 대해 이렇게 단언했다. "사업상
의 대화에 특별한 비결은 없다. 그저 상대의 이야기에 집중하
기만 하면 된다. 말하는 이에게 누군가가 자기 이야기를 경청
해주는 것만큼 기분 좋은 일은 없다."

매우 자명하지 않은가? 대학에서 4년이나 공부하지 않아도 충
분히 깨달을 수 있는 이치다. 그런데도 많은 사업가가 이를 실
천하지 않는다. 그들은 비싼 임대료 내고 최적의 입지에 매장
을 마련한다. 합리적인 단가로 매입한 상품을 공들여 진열하
고, 막대한 광고비를 쏟아 홍보에 신경 쓴다. 그리고는 최악의
직원을 고용함으로써 매출을 떨어뜨린다. 여기서 최악의 점원
이란 고객의 이야기에 귀 기울이지 않고 고객의 말을 가로막으
며, 자기 입장만 내세움으로써 결국 매장 밖으로 고객을 내쫓
아버리는 직원이다.

067

불평불만을 달래는
가장 좋은 방법

━━ 막무가내의 불평불만을 쏟아내는 고객, 소위 블랙리스트 고객일지라도 자신의 이야기를 조용히 들어주고 공감하는 사람 앞에서는 대개 태도를 누그러뜨린다. 자기 생각을 충분히 터놓는 과정에서 마음속에 쌓인 독살스러운 감정이 가라앉기 때문이다.

한 통신 회사가 고객 때문에 골치를 앓고 있었다. 문제의 고객은 상담원에게 폭언을 퍼붓고 청구된 요금이 부당하다며 납부를 거부했다. 거기에 더해 자신이 느낀 불합리함을 언론사에 투서하고 공공사업위원회에 끊임없이 불만을 신고했으며 통신 회사를 상대로 소송을 걸었다. 사태가 이 지경에 이르자 회사는 분쟁 해결에 가장 뛰어난 직원을 파견해 일을 수습하고자 했다. 어떻게 되었을까? 분쟁 해결 전문가의 말을 들어보자.

"고객의 집을 방문하자마자 그는 고함을 지르며 화를 냈고, 저는 세 시간 가까이 잠자코 들으며 어떤 점이든 공감했습니다.

그런 만남이 세 번 정도 이루어졌고 네 번째 만남에서 고객의 태도는 달라져 있었습니다. 회사 측이 저와 같은 방식으로 응해준 것은 처음인 듯했습니다. 그는 서서히 속마음을 터놓았고 밀린 요금 전액을 납부했습니다. 물론 위원회에 제기한 청원과 소송도 취하했고요."

이 고객은 자신이 기업의 폭리로부터 소비자의 권리를 지키는 정의의 사도라고 믿었으며, 큰소리치고 화내는 것으로 존재감을 확인받으려 했다. 그러나 분쟁 해결 전문가가 자신의 이야기를 진심으로 경청해주자 잃었던 자존감을 되찾을 수 있었고, 스스로 만들어냈던 불만과 망상도 자연스럽게 해소된 것이다.

상대의 이야기에
공감을 표하라

━━ 세계적인 명성을 자랑하는 어느 모직 회사의 초창기에 있었던 일이다. 설립자이기도 한 당시 사장의 사무실로 잔뜩 화가 난 고객이 찾아와 소란을 피웠다. 사정은 이러했다. 그 고객은 모직 회사에 일정액의 미수금이 있었는데 본인은 그것을 인정하지 않았다. 그러나 회사 관리부는 거래 내역을 정확히 파악하고 있었으므로 미수금을 재차 청구했다. 수차례 독촉을 받은 고객은 매우 흥분한 상태로 먼 거리를 비행해 와 사장실로 쳐들어온 것이다. 그리고 자신은 그 미수금을 지불할 생각이 전혀 없으며, 모직 회사와는 영영 거래를 끊겠다고 언성을 높였다.

이에 사장은 어떻게 대응했을까? 우선 인내심을 가지고 상대방이 말하는 모든 것을 끝까지 들었다. 그리고 마침내 고객이 흥분을 가라앉히자 차분하고 정중한 목소리로 말했다. "먼저, 회사의 문제점에 대해 말씀해주시기 위해 이 먼 길을 오신 것에 정말 감사드립니다. 내가 당신의 입장이라도 똑같은 기분이었을 것입니다. 미수금은 없애도록 하겠습니다. 한 건의 거래를 관리하는 당신보다 수천 건의 거래를 관리하는 우리의 업무 과정에 착오가 있었을 확률이 더 높으니까요."

화를 내고도 감사 인사를 받다니 꿈에도 생각지 못한 상황이었을 것이다. 급기야 사장은 그 고객을 점심 식사에 초대했다. 엉겁결에 식사를 마치고 온 고객은 완전히 화가 풀려 있었으며, 이전보다 더 많은 물건을 주문하고 돌아갔다. 그뿐만이 아니다. 집으로 돌아간 그는 거래 장부를 다시 샅샅이 확인한 결과, 자신의 착각이었음을 사과하고 수표를 보내왔으며 모직 회사의 오랜 고객으로 남았다.

말 잘하는 사람보다
잘 들어주는 사람을 선호한다

━━ 수많은 유명인사를 인터뷰해 온 저널리스트가 말하길, 사람들이 남에게 좋은 인상을 주는 데 실패하는 까닭은 상대방의 이야기를 주의 깊게 듣지 않기 때문이라고 한다. "사람들은 자신이 다음에 하려는 말에 신경이 팔려 상대의 이야기를 건성으로 들어요. 하지만 성공한 유명인들은 말을 잘하는 것보다 잘 들어주는 사람을 높이 평가합니다. 남의 이야기를 잘 들어주는 능력은 다른 어떤 자질보다 드물며 중요하다고 생각하지요."

말을 잘하는 사람보다 잘 들어주는 사람을 선호하는 것은 유명인만이 아니다. 일반인도 마찬가지다. 〈리더스 다이제스트〉에 따르면, 많은 이들이 의사를 찾는 이유는 치료의 목적뿐만 아니라 자기 이야기를 들어주길 바라기 때문이라고 한다. 몸과 마음이 불편할 때 자기 이야기를 들어줄 사람이 더욱 간절해진다는 것이다.

070

우리가 고민에 빠졌을 때
필요한 것은

━━ 남북전쟁이 치열하게 벌어지던 시기, 고뇌에 빠진 링컨 대통령은 고향의 옛 친구에게 편지를 보내 도움을 청했다. '워싱턴에 와주지 않겠나? 나누고 싶은 이야기가 있다네.' 친구가 백악관에 도착하자마자 링컨은 노예 해방의 옳고 그름, 신문에서 주장하는 양쪽 의견을 들려주는 등 몇 시간 동안 기나긴 이야기를 쏟아냈다. 그리고 밤이 늦어서야 자리를 마무리했는데 마지막까지도 옛 친구의 의견을 구하지는 않았다.

"링컨은 그렇게 해서 자기 머릿속을 정리했을 거예요. 이야기가 끝나자 그는 한결 홀가분해 보였습니다." 옛 친구는 정확히 알고 있었다. 링컨은 조언을 원하지 않았다. 무거운 마음의 짐을 잠시 내려놓고 이야기를 들어줄 친구가 필요했을 뿐이다. 우리가 고민에 빠졌을 때 필요한 것도 내 이야기를 털어놓을 수 있는 누군가다. 화가 난 고객, 불만 가득한 동료, 상처 입은 친구가 원하는 것이 바로 그것이다.

다른 이들로부터
미움받고 싶다면

━ 만일 사람들이 당신을 멀리하고 뒤에서 비웃으며 경멸하기를 원한다면 여기 좋은 방법이 있다. 다른 사람의 이야기에 주의를 기울이지 말고 당신의 이야기만 쉴 새 없이 하라. 하고 싶은 말이 떠오르면 남이 이야기하는 도중일지라도 끼어들라. 당신이 상대방보다 더 똑똑하다고 믿으면서 그를 내려다보고, 이야기를 가로막고, 주장을 밀어붙여라.

이런 어리석은 일을 저지르는 자가 당신 주변에 있는가? 애석하게도 나는 그런 이들과 종종 마주친다. 놀랍게도 그중 몇몇은 유명인이다. 그들은 사람들을 지치게 만드는 것이 특기다. 자만심에 취해 스스로 대단하다고 믿으며 오만하게 행동한다. 자신의 이야기만 늘어놓는 사람은 오로지 자기만 생각하는 사람들이다. 컬럼비아 대학교의 전 총장 니컬러스 버틀러Nicholas Murray Butler는 말했다. "자기만 생각하는 사람은 아무리 교육을 받는다 해도 교양이란 것을 쌓을 수 없다."

072

대화의 기술을 익히는
요령

━━ 노련하게 대화하는 기술을 익히고 싶다면, 자신을 한동안 잊고 철저한 경청자의 역할을 해볼 필요가 있다. 아무 말도 하지 않고 타인의 이야기에 온전히 집중하는 것만으로도 새로운 변화를 경험할 수 있을 것이다.

073

누군가에게
관심받고 싶다면

━━ 누군가의 관심을 원한다면, 당신이 먼저 그에게 관심을 보내라. 그가 답하고 싶어 할 만한 질문을 던져라. 그의 장점과 성취에 관해 충분히 말할 수 있도록 북돋워라.

사람은 그 어떤 주제보다 자기 자신에게 가장 큰 관심을 보인다. 기근으로 고통받는 먼 나라의 아이들보다 당장 자신을 아프게 하는 충치가 관심을 빼앗는 문제이며, 아프리카에서 발생한 대지진보다 얼굴에 돋은 종기 하나가 더 심각한 일이다. 그러므로 사람들이 당신과 함께하는 시간을 좋아하게끔 만들고 싶다면, 그들이 자신의 이야기를 끊임없이 할 수 있도록 경청하면 된다.

074

흥미로운 대화를
끊임없이 나누는 비결

■ 시어도어 루스벨트Theodore Roosevelt 대통령과 대화를 나눴던 사람들은 하나같이 그의 폭넓은 지식에 놀랐다고 한다. 루스벨트는 상대방이 정치가든 외교관이든 카우보이든 상관없이 그 누구와도 흥미롭고 알찬 대화를 오랜 시간 나눌 수 있었다. 무궁무진한 화제를 막힘 없이 소화할 수 있었던 그의 비결은 과연 무엇이었을까? 간단하다. 루스벨트는 손님의 방문이 예정된 전날 밤이면, 손님이 특히 관심을 가질 법한 주제를 늦은 시간까지 조사하고 공부했다. 그는 다른 위대한 리더들과 마찬가지로, 사람의 마음을 사로잡는 가장 확실한 방법은 상대방이 가장 흥미로워하는 주제에 관해 이야기하는 것임을 알고 있었다.

075

즐거운 대화에 담긴
배려

━━ 예일대 교수이자 작가였던 윌리엄 펠프스William Phelps는 인간의 본질을 다룬 에세이에서 다음과 같이 회상했다.

"어린 시절 숙모님 댁에 놀러 간 적이 있다. 어느 저녁 중년의 남성이 찾아와 숙모와 대화를 마친 뒤 나에게 다가왔다. 당시 나는 보트에 관심이 많았는데, 우연히 그 남성과 보트를 주제로 한 매우 흥미로운 대화를 나눌 수 있었다. 그가 떠난 뒤, 나는 숙모에게 손님이 보트에 흥미가 많아서 매우 재밌는 이야기를 나누었다며 호감 가득한 목소리로 말했다. 그러자 숙모는 그는 뉴욕에서 변호사를 하고 있으며, 보트에는 전혀 취미가 없다는 사실을 전해주었다. 그렇다면 어째서 그가 보트 이야기만 한 것이냐고 나는 물었다. '그분은 신사이기 때문이란다. 상대방이 기뻐할 주제에 대해 배려한 것이지. 네가 보트에 흥미가 있는 걸 알고 즐겁게 해주려고 맞장구를 쳐주신 거란다.' 그때 숙모님의 말씀을 나는 결코 잊을 수가 없다."

076

상대가 기뻐할 주제로
이야기를 시작한다

━━ 보이스카우트의 리더를 맡고 있는 에드워드 찰리프는 소년 단원들의 해외 견학을 위한 후원을 청하기 위해 한 기업의 사장과 면담을 앞두고 있었다. 만남 전 찰리프는 기업의 사장이 엄청난 금액의 수표를 발행했다가 거래가 중단되는 바람에 그 수표를 액자에 보관해 기념으로 남겼다는 이야기를 전해 들었다.

이윽고 사장과 인사를 나눈 찰리프는 자연스럽게 수표 이야기를 꺼내며 실물을 구경하고 싶다고 말했고, 사장은 흔쾌히 보여주었다. "살면서 이런 거액의 수표는 본 적이 없어요. 보이스카우트들에게 이 이야기를 꼭 해주고 싶군요!" 찰리프는 진심으로 감탄하며 수표를 발행하게 된 자세한 경위를 물었고, 사장은 그에 얽힌 내막을 긴 시간 동안 들려주었다.

"참, 그런데 무슨 일로 나를 만나자고 하셨지요?" 이야기를 마치며 사장이 물었다. 그제야 찰리프는 자신이 찾아온 용건을 밝혔다. 그리고 놀랍게도 사장은 즉각 수락했다. 그뿐만이 아니다. 희망액의 몇 배나 되는 액수를 기부했으며 그 후로도 다양한 협력과 배려를 지원해주었다. 찰리프는 무작정 자신의 용건을 내밀기보다는, 상대방이 흥미를 느끼는 화제로 대화를 시작함으로써 호감을 얻고 편안한 분위기를 만들 수 있었다. 그리고 그 효과는 절대적이었다.

상대의 관심사를
정확히 파악한다

━━ 뉴욕의 빵 도매업자가 인근의 대형 호텔에 빵을 납품하기 위해 안간힘을 쓰고 있었다. 그는 계약을 성사시키기 위해 4년 간 매주 호텔 지배인을 찾아가고, 장기 투숙을 하는 등 온갖 정성을 들였지만 일이 뜻대로 풀리지 않았다.

좀처럼 풀리지 않는 지배인과의 관계에 답답함을 느낀 도매업자는 인간관계에 대한 공부를 시작하면서 마침내 전략을 바꾸었다. 먼저 지배인의 관심사가 무엇인지 파악했는데, 지배인은 호텔 접객인 협회의 회장을 맡고 있으며 협회 운영에 심혈을 기울인다는 사실을 알아냈다. 도매업자는 지배인과 다시 만난 자리에서 협회 이야기를 화두로 꺼냈다. 그러자 지배인의 반응이 확연히 달라졌다. 30분이 넘도록 열변을 토하더니 협회 회원 가입까지 권유했고, 도매업자는 흔쾌히 참여했다.

그날 둘은 빵에 대해서 단 한마디도 나누지 않았지만, 며칠 후 도매업자는 호텔 직원으로부터 제품 견본과 견적서를 가지고

올 수 있냐는 전화를 받았다. "어찌 된 영문인지 모르겠지만 지배인이 당신을 무척이나 마음에 들어 하더군요."라고 직원이 덧붙였다.

상대의 관심을 얻고자 노력한 4년의 정성도 열매를 맺지 못했는데, 발상을 전환해 상대가 좋아하는 것에 적극적으로 관심을 기울이자 거짓말처럼 놀라운 효과가 나타난 것이다.

보답을 기대하지 말고
칭찬한다

━━ 우체국 창구에 줄이 제법 길게 늘어서 있었다. 기다린 끝에 내 차례가 돌아왔고, 지치고 무료해 보이는 직원의 얼굴과 마주했다. 불현듯 나는 그의 기분을 바꿔주고 싶은 생각이 들었고, 그의 머리 모양을 칭찬하며 인사를 건넸다. 직원은 약간 어리둥절하면서도 기분 좋은 표정으로 감사를 표했다.

"직원에게 무엇을 얻고자 한 건가요?" 이 이야기를 강연회에서 들려주었더니 한 참여자가 강연 후 질문해왔다. 나는 보답을 기대해서 칭찬한 것이 아니다. 그저 그가 즐거운 하루를 보냈으면 하는 마음에 진심을 전했을 뿐이다. 아, 아니다. 확실히 무언가를 기대하긴 했다. 그리고 얻었다. 작은 관심으로 누군가를 기쁘게 했다는 뿌듯함, 좋은 기억을 타인과 나눠 가질 수 있게 되었으니 말이다. 세상에는 실질적인 대가 없이는 타인을 칭찬하는 것조차 하지 않는 이들이 많지만, 그것은 매우 이기적이며 관계를 좁히는 어리석은 행동이 아닐 수 없다.

079

모든 이가
한결같이 품은 소망

━━ 인간의 행동 규범에 관한 중요한 원칙이 있다. 이 원칙을 지키면 인간관계에서 빚어지는 갈등과 문제에 휘말리지 않고 많은 친구를 곁에 둘 수 있다. 반면 이를 저버린다면 크고 작은 문제에 부닥치고 곤란에 처할 것이다. 그 중요한 원칙이란 바로 이것이다. '타인과 마주할 때, 그가 충분히 인정받고 있음을 느끼게 하라.'

타인에게 인정받고 싶은 마음은 인간의 가장 근원적인 욕구다. 철학자들은 먼 옛날부터 인간관계의 원칙에 대해 사색했고, 하나의 중요한 가르침에 도달했다. 바로 '내가 대접받고 싶은 만큼 타인을 대접하라는 것'. 우리는 자신의 작은 세계 안에서 중요한 존재가 되길 바란다. 경박한 아첨이 아닌 진심 어린 찬사를 원한다. 친구나 동료가 나의 가치를 인정해주길 원한다. 모든 이가 한결같이 품은 소망이다. 그러니 내가 받고 싶은 그대로 타인을 존중하고 대접하자. 언제 어디서나 성실하게.

인간관계의 마찰을 방지하는 윤활유

■ 타인에게 존중받고 싶다면 나부터 상대를 존중하라. 이 명징한 인간관계의 원칙은 단순한 일상에서도 쉽게 적용할 수 있다. 가령 식당에서 감자튀김을 주문했는데 으깬 감자가 나왔다면 당신은 어떤 태도를 취할 것인가? 종업원의 입장에서는 "이봐, 잘못 나왔잖아요!"라고 화를 내는 손님보다 "주문한 음식은 으깬 감자가 아니라 감자튀김이에요. 수고롭겠지만 다시 부탁합니다."라고 요청하는 손님에게 훨씬 호의적인 마음이 들기 마련이다. 손님이 종업원을 존중하면 종업원도 진심으로 사과하고, 정성껏 다시 조리한 음식을 미소 띤 얼굴로 가져다줄 것이다. '○○해주면 고마울 것 같아요.', '수고스럽겠지만 ○○을 부탁할 수 있을까요?'라는 작은 감사의 표현은 서로 부딪혀 상처 나기 쉬운 인간관계의 마찰을 방지하는 윤활유와도 같다. 그것을 노련하게 활용하는 것은 훌륭하게 교육받았다는 증거이기도 하다.

081

순수한 찬사에
담긴 힘

━━ 영국의 소설가 홀 케인Hall Caine은 《영원의 도읍》등 여러
베스트셀러로 큰 사랑을 받은 작가다. 빈곤한 가정환경에서 자
란 그는 고작 8년의 정규 교육밖에 받지 못했지만, 좋은 작품으
로 전 세계에 이름을 알리고 풍요로운 부를 누릴 수 있었다.

흥미로운 점은 케인이 작가가 되기까지의 경위이다. 시를 무척
좋아한 케인은 단테 가브리엘 로제티Dante Gabriel Rossetti의 시
를 독파했고, 로제티의 예술적 업적을 칭송하는 글을 써서 보
내기까지 했다. 물론 로제티는 매우 감동했다. 아마도 그는 '내
작품을 이처럼 높이 평가하는 청년이라면 분명 특별한 재능이
있을 거야.'라고 혼잣말을 하지 않았을까 싶다. 여하튼 그는 케
인을 런던 자택으로 초대했을 뿐 아니라 비서로 고용했다. 이
것이 케인 인생의 전환점이 되었다. 당대의 이름난 문인들과
교류하며 엄청난 지적 자극을 받았고, 그들의 조언과 격려 속
에서 작가의 길을 걸을 수 있었다.

만약 케인이 로제티에게 찬사의 글을 보내지 않았다면, 작가가 될 용기를 얻지 못하고 무명의 삶을 살았을지 모를 일이다. 이 이야기는 진실하고 성실한 마음으로 타인의 가치를 인정하고 찬사를 표하는 것이 어떠한 변화를 일으키는지 보여준다.

082

타인의 훌륭함을
자연스럽게 드높인다

■ 사람들은 내심 어떤 면에서든 남보다 잘하는 것, 우월한 부분이 본인에게 있다고 생각한다. 그러므로 누군가의 마음을 확실히 사로잡고 싶다면, 그가 지닌 가치를 알아봐 주고 그것을 존중하고 있음을 은근하게 전하라. 그것은 상대방의 자존감을 채우는 동시에 당신에 대한 호감을 높이는 양분이 된다.

위대한 사상가 에머슨의 말을 다시 떠올려 보자. "모든 사람은 어떤 면에서 나보다 뛰어나다. 그렇기에 누구에게든 반드시 배울 점이 있다." 당신의 장점을 요란하게 강조하기보다는 상대방의 장점과 가치를 자연스럽게 드높이는 편이 사람의 호감을 사는 데 훨씬 큰 효과를 발휘한다.

솔직한 칭찬은 사막의 샘처럼
마음을 적신다

━━ 여기 솔직하고 성실한 칭찬의 힘을 체감한 한 변호사의 이야기를 들어보자. 그는 나의 강좌를 들은 직후 연로한 숙모의 집을 방문했고, 강연 내용을 떠올리며 진심으로 칭찬할 만한 것이 없는지 집안을 둘러보다가 느낀 점을 말했다고 한다.

"숙모님, 이 집은 저의 생가를 떠올리게 하네요. 정말 아름답고 넓게 잘 지어진 집이에요. 요즘은 이런 집을 거의 볼 수 없어요." 이 말을 들은 숙모는 감회에 잠긴 듯 떨리는 목소리로 답했다. "정말 잘 봤네. 이 집은 깊은 애정이 깃든 곳이야. 세상을 떠난 남편과 힘을 모아 직접 지었지." 이어서 남자는 집안 곳곳을 안내받으며 숙모가 소중히 간직해온 다양한 소장품에 대해 솔직하고 성실한 태도로 찬사를 보냈다.

숙모는 마지막으로 그를 차고로 데리고 갔는데, 그곳에는 마치 새것 같은 클래식 자동차가 있었다. 숙모는 "남편이 세상을 뜨기 전 나에게 선물한 차야. 그 사람이 떠난 뒤 한 번도 타지 않앉지. 자네는 좋은 것을 알아보는 눈을 가졌어. 그러니 이걸 자네에게 주겠네."라고 말했다. 자신이 자랑스러워하는 것의 가치를 알아주는 사람 없이 고독하게 지내왔던 그녀에게, 남자의 솔직한 칭찬은 사막의 샘처럼 그녀의 마음을 적셨다. 그리고 그녀는 그에 합당한 선물을 주길 원했다.

진심 어린 칭찬과 관심이
가져온 선물

━━ 고명한 판사의 저택에서 공사를 하고 있던 한 조경업자는 마음에서 우러난 순수한 관심과 칭찬 덕분에 귀한 선물을 받았다. 조경업자는 잠시 정원을 나온 판사에게 말을 건넸다. "판사님, 정말 멋진 취미를 가지고 계시네요. 이 개들이 매년 품평회에서 입상한다고 들었는데 당연하네요. 정말 훌륭한 아이들이에요." 그는 느낀 바를 그저 솔직하게 전했고 이 말은 즉각적인 효과가 있었다. "오, 그럼 사육장을 구경해보겠소? 난 개들과 보내는 시간이 정말 즐겁다오." 그렇게 한참 동안 개에 관한 이야기를 자세히 들려주던 판사는 조경업자에게 어린 자녀가 있는지 물었다. 그리고 "어린아이는 강아지를 매우 좋아하죠. 한 마리 드릴까요?"라고 말하며 혈통서와 주의사항까지 빼곡히 정리해 건넸다. 이 조경업자가 고가로 분양되는 강아지와 판사의 귀중한 시간을 얻을 수 있었던 것은 판사가 각별히 여기는 취미를 진심으로 칭찬했기 때문이다.

성공한 사람도
칭찬을 원한다

━━ 코닥사의 창업자 조지 이스트먼George Eastman은 카메라
용 투명필름을 발명하며 엄청난 부와 명성을 이룬 기업인이다.
그러나 정상에 선 이스트먼 역시 칭찬을 갈구하는 마음은 평범
한 사람과 마찬가지였다.

어느 날 가구회사의 사장 제임스 애덤슨James Adamson이 납품
계약을 성사시키기 위해 이스트먼의 사무실을 찾았다. 만남
전, 애덤슨은 자리를 주선한 지인으로부터 "이스트먼 씨는 매
우 바빠서 시간에 엄격하므로 요점만 마치고 바로 나오는 것
이 현명할 겁니다."라는 언질을 받은 바 있었다.

이윽고 이스트먼과 얼굴을 마주했을 때 애덤슨이 말했다. "이
스트먼 씨, 기다리는 동안 사무실을 둘러보았는데 정말 인상
깊은 공간이네요. 이토록 조화롭고 아름다운 사무실은 처음 봅
니다. 저도 이런 방에서 일하고 싶군요." 방의 목재 장식에 대
해서도 전문가답게 섬세한 감상을 전했다. 그러자 이스트먼은

반색하며 "당신은 내가 거의 잊고 지냈던 것을 떠올리게 하는
군요."라고 말하고는 자신이 특별한 애착을 가지고 고안했던
인테리어 장식을 하나하나 설명하기 시작했다. 거기에 더해 가
난했던 어린 시절, 필름 발명 과정에서 시행착오를 겪었던 일
화 등을 두 시간이 넘도록 풀어놓은 뒤 애덤슨을 집으로 초대
해 점심까지 함께했다. 물론 고액의 가구도 주문했으며, 그날
이후 두 사람은 오래도록 각별한 친분을 쌓았다.

칭찬의 마법이
절실한 곳

━━ 칭찬의 말에는 마법 같은 힘이 있다. 당신도 그 힘을 경험해보길 바란다. 가장 먼저, 곁에 있는 가족에게 시도해보자. 사실 가정만큼 칭찬의 마법이 절실하면서도 부족한 곳도 없다. 많은 가정에서 칭찬과 인정의 말이 들리지 않은 지 오래되었다. 당신이 마지막으로 배우자의 매력을 칭찬한 때는 언제인가? 성실하고 진실한 노력을 기울여 서로를 칭찬하는 것은 행복한 결혼 생활을 위한 필수조건이다. 선택사항이 아니다. 단, 너무 갑작스럽게 칭찬을 쏟아내는 것은 추천하지 않는다. 그러면 당신은 아마 매우 수상하게 보일 것이다. 오늘 저녁이나 내일, 꽃이나 맛있는 음식을 준비해 아주 작은 칭찬이라도 진솔하게 건네 보라. 마법이 일어날 것이다.

087

속내를 여과 없이
드러내는 것은 능사가 아니다

━ 나는 오래된 옛 신문에서 흥미로운 기사를 발견했다. 기사에 따르면, 우리는 결혼을 앞둔 예비 신부에게만 이런저런 당부를 할 것이 아니라 예비 신랑에게도 다음의 사항을 주지시킬 필요가 있다고 한다.

"결혼 전에 여성을 칭찬하는 것은 남성의 자유지만, 결혼 후 아내를 칭찬하는 것은 남편의 '의무'다. 결혼 생활은 우호를 다지는 친선의 장이다. 맥락을 고려하지 않고 속내를 여과 없이 드러내기보다는 칭찬과 배려로 아내와의 관계를 강화하는 것이 중요하다. 매일 즐겁게 생활하고 싶다면 아내를 자신의 어머니와 비교해서 집안일을 트집 잡는 것은 금하라. 아내가 하는 일에 항상 감사의 마음을 표현하고 매력적인 여성과 결혼할 수 있었던 것을 행운이라 생각하라."

088

이성의 마음을
사로잡는 비결

■ 많은 이들이 이성의 마음을 사로잡는 비결을 궁금해한다. 나는 매우 효과적인 방법을 저널리스트 도로시 딕스Dorothy Dix 의 인터뷰에서 빌릴 수 있었다. 딕스는 여성 23명의 마음과 돈을 빼앗은 유명한 결혼 사기꾼을 옥중에서 인터뷰하는 데 성공했다. "그토록 많은 여성의 마음을 사로잡은 기술이 무엇입니까?" 사기꾼의 대답은 간단 명료했다. "기술이라고 할 만한 건 없어요. 난 그저 그녀들에 대한 이야기만 계속 했을 뿐이에요." 영국 역사에 이름을 남긴 총리 디즈레일리도 비슷한 말을 했다. "사람들과 대화할 때, 그들에 관한 이야기를 하라. 사람은 자신에 관한 이야기라면 몇 시간이고 지루함 없이 들을 것이다."

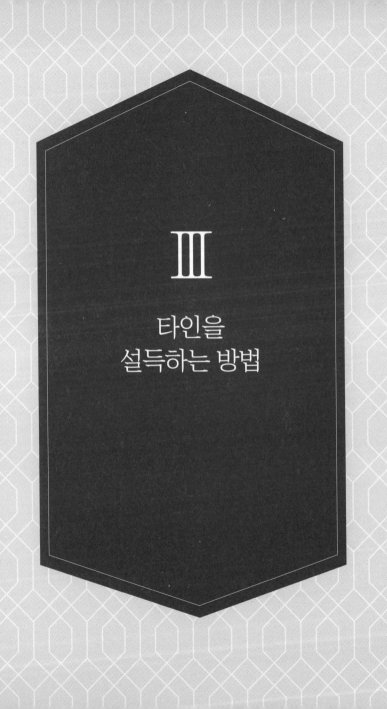

III

타인을
설득하는 방법

사람의 마음을 움직이고
행동을 이끈다

089

불필요한 논쟁을
피하라

━━ 1차 세계대전이 끝난 직후 이십 대 중반이었을 무렵, 나는 어느 연회 자리에서 중요한 교훈을 배웠다. 식사 도중 한 남성이 성경에서 인용했다는 구절을 소개하며 이야기를 시작했다. 나는 듣자마자 그것이 성경이 아닌 셰익스피어에 나오는 대목임을 확신했고 그의 실수를 짚어주었다. 하지만 남성은 오히려 흥분하며 고집을 세웠고, 때마침 내 옆에는 셰익스피어에 정통한 나의 오랜 친구가 있었기에 나는 그에게 의견을 물었다. 그러자 친구는 식탁 아래로 나를 툭 치며 "자네가 틀렸어. 저 말은 성경에서 인용한 것이 맞다네."라고 말했다.

그날 집으로 돌아가며 친구에게 아까의 일을 물었다. "그 구절이 셰익스피어에 나온다는 것 정도는 자네도 잘 알고 있었어. 그렇지?" 친구의 대답은 이러했다. "그건 분명 햄릿에 나온 말이 틀림없네. 하지만 우리는 즐거운 자리에 초대받은 손님이었어. 그 자리에서 잘못을 꼭 지적할 필요가 있었을까? 그러면 그 사람이 자네에게 고마워하기라도 하겠는가 말일세. 그는 자네에게 의견을 구하지도, 듣길 원하지도 않았어. 그 정도에서 그의 체면을 지켜주는 것이 불필요한 논쟁을 막는 원만한 해결 방법이었다네."

나의 오랜 친구는 이미 세상을 떠났지만, '불필요한 논쟁은 피하라.'라는 그의 가르침은 잊지 못할 귀중한 교훈으로 남아 있다.

090

논쟁에서 득이 되는
승리란 없다

━━ 어린 시절부터 논리적인 이치를 따지기 좋아했던 나는 대학에서도 논리학과 토론에 열중했으며, 뉴욕에서 토론법을 강의하기도 했다. 토론 관련 저서를 집필할 계획도 세우고 있었기에 수많은 토론과 논쟁에 참여하고, 경청하고, 결과를 지켜보았다. 그리하여 내가 도달한 결론은 '논쟁은 피하는 것이 가장 이득'이라는 사실이다.

많은 논쟁이 양쪽이 자기 의견을 고집하는 형태로 끝이 난다. 모두가 자신이 결단코 옳다고 믿기 때문이다. 논쟁에서 득이 되는 승리란 없다. 만약 상대방이 이긴다면 당신은 패한 것이며, 설령 당신이 이긴다고 해도 득이 없다. 왜냐고? 당신이 철저하게 상대를 때려 눕혔다고 가정해보자. 당장 당신은 만족스럽겠지만, 상대는 어떨까? 논쟁하는 동안 당신은 상대의 체면을 깎아내리고 자존심에 상처를 냈다. 상대는 당신의 승리를 진심으로 축복하지 못할 것이며, 깊은 원망을 느낄 것이다.

당신이 원하는 것은
무엇인가

━ 벤저민 프랭클린은 말했다. "만약 논쟁하고 반론을 펼치다 보면 때로는 승리를 거둘 수도 있을 것이다. 그러나 그것은 공허한 승리다. 결코 상대방의 호의를 얻을 수 없기 때문이다."

이성적으로 생각해보라. 당신이 원하는 것을. 상대방을 논리적으로 완전히 제압하고 싶은가, 아니면 그의 호의와 협력을 얻고 싶은가? 양쪽 모두를 손에 넣는 일은 매우 드물다.

092

헛된
노력

━━ 어느 신문에 풍자 섞인 짤막한 시가 실린 적이 있다.

'논쟁의 달인, 여기에 잠들다.

자신만의 옳음을 죽는 날까지 고집스럽게 주장한 자.

그가 아무리 옳았다 한들,

그는 사라졌고 다른 마음만이 남았다.'

누군가와 옳고 그름을 논쟁으로 가릴 때, 당신의 주장은 분명
옳을지 모른다. 그러나 상대방의 마음을 바꾸는 것에 관한 한
그 노력은 헛될 것이다.

사람의 마음은
논쟁으로 바꿀 수 없다

■■ "무지한 인간을 논쟁으로 이기는 것은 불가능하다는 사실을 깨달았다." 미국 재무부 장관을 역임하기도 한 윌리엄 매카두William McAdoo는 수십 년간 정계에 몸담으며 느낀 소회를 이렇게 밝혔다.

매카두는 '무지한 인간'이라고 한정했지만, 내 경험에 비추어 지능 지수는 관계가 없다. 사람의 마음을 논쟁으로 바꾸는 것은 거의 불가능하다. 그것이 솔직한 나의 생각이다.

먼저 존중하고
인정하라

━━ 나의 강연을 들은 세무 상담사가 들려준 경험담이다. 그는 소득세 납부 문제로 세무서의 조사관과 한 시간이 넘도록 말씨름을 하고 있었다. 상담사는 9천 달러 상당의 항목에 대해 관련 자료를 제시하며 '과세 대상이 되지 않는다.'라고 주장했지만, 조사관은 무조건 '과세 대상이 된다.'라고 고집하는 상황이었다.

"논쟁을 하면 할수록 조사관은 더 막무가내로 고집을 피웠습니다. 뭔가 다른 방법이 필요했어요. 그래서 나는 논쟁을 멈추고 화제를 바꿔 조사관을 칭찬하기로 마음먹었습니다. 먼저 그의 업무에 존경을 표했습니다. '나는 조세를 책으로 배웠을 뿐이지만, 당신은 현장의 생생한 사례를 통해 비교할 수 없는 수준의 전문성을 쌓았을 것이다, 그 점이 무척 부럽다'고 솔직한 마음을 전했어요. 그러자 조사관의 태도가 달라지기 시작했습니다. 자신이 처리했던 까다로운 사례를 줄줄이 들려주더니,

딱딱하던 목소리도 한결 부드러워졌습니다. 자신의 이야기를 마친 후 그는 앞서 논했던 9천 달러의 문제를 재검토할 테니 사흘 후에 다시 오라고 했어요. 나중에 가보니 제가 작성한 납세 신고서를 그대로 처리하겠다고 하더군요."

세무 상담사는 존재감을 인정받길 원했던 조사관의 마음을 간파했다. 처음 상담사와 논쟁을 벌일 때는 자존심을 지키느라 권위를 내세우며 무작정 고집을 피웠지만, 상담사가 자신의 능력을 존중하고 진솔하게 칭찬하자 상대방의 이야기에 귀 기울이고 공정하게 판단할 수 있는 여유를 찾은 것이다.

095

누구도 지지 않고
이기는 법

■ 나폴레옹의 시종장은 황후인 조제핀과 종종 당구 게임을
겨뤘다고 한다. 시종장은 회고록을 통해 당시의 일을 이렇게
기록했다. "나는 당구를 꽤 잘 치지만, 언제나 황후가 이기게끔
배려했습니다. 황후는 그때마다 무척 기뻐했습니다."

오랜 연륜에서 우러난 시종장의 현명함에 공감한다. 그에게서
우리는 분명한 사실 하나를 배울 수 있다. 고객, 연인, 배우자
와 사소한 말다툼이나 논쟁을 벌일 것 같다면 주저 없이 승리
를 양보하라. 그리하면 누구도 지는 이 없이 이길 것이다.

논쟁이 아닌 배려가
필요하다

━ "증오를 극복하는 데 필요한 것은 증오가 아닌 사랑이다."
부처의 말이다. 마찬가지로 오해를 푸는 데에도 논쟁이 아닌
배려가 필요하다. 상대를 굴복시키기 위한 논쟁은 결코 오해를
푸는 수단이 될 수 없다. 상대의 입장에 서서 마음을 헤아리고
공감하려는 배려가 이루어질 때 '잘못된 이해'는 풀릴 수 있다.

097

흥분과 분노는
지혜로운 눈을 가린다

■ 어느 젊은 장교가 동료들과 격렬하게 논쟁하는 모습을 지켜본 링컨이 따끔한 충고를 그에게 남겼다.

"뜻을 품고 자기 자신에게 최선을 다하고자 의지를 다진 사람은 사사로운 다툼과 논쟁을 하지 않는 법이네. 흥분과 분노로 자제심을 잃으면 예상하지 못한 결말을 가져올 수 있으니 명심하게. 자네 의견이 다른 이의 생각과 비등하게 타당하다면 아무리 중요한 일이라도 양보하는 것이 옳으며, 설령 자네의 생각이 명백히 옳을지라도 사소한 일이라면 양보하는 것이 현명한 처사라네. 사나운 개와 싸우다 물리는 것보다는 개를 피해가는 것이 낫지 않겠나? 설사 개를 죽이더라도 몸에 난 상처가 없어지는 것은 아니니 말일세."

098

자기 생각을
과신하지 않는다

━━ 시어도어 루스벨트 대통령은 재임 시절 자신이 내린 판단이나 생각이 75%만 맞더라도 매우 성공적이라 자평했음을 고백한 바 있다. 루스벨트와 같이 걸출하고 위대한 지도자의 자기 확신이 이럴진대, 평범한 우리의 판단은 얼마나 옳다고 말할 수 있을까? 높게 잡아 55% 정도만 맞다고 가정해도, 우리는 뛰어난 성과를 거둘 수 있을 것이다.

이를 바꿔 말하면 많은 사람이 대개 이보다 낮은 확률의 확신으로 자기주장을 완강히 몰아붙이고, 다른 이의 의견이 옳다 그르다 단언한다는 뜻이다.

099

반발을 자초하는
행동

━━ 누군가에게 "당신 말은 틀렸어요."라고 단도직입적으로
말한다면 그 사람이 당신의 생각에 동조할까? 당치도 않다. 상
대방은 자존심에 직격탄을 맞았기에 어떻게든 반론에 나설 것
이다. 당신이 아무리 위대하고 현명한 학자의 이론을 들먹이며
설득한다고 해도, 이미 감정이 상한 상대는 절대 생각을 바꾸
지 않을 것이다.

100

은밀하고
자연스러워야 한다

━ "그 말이 왜 잘못되었는지 증명해 보이겠다."라는 식으로 이야기를 시작하는 것은 더없이 어리석은 짓이다. 그것은 "내가 더 똑똑하니까 나한테 배워."라고 말하는 것과 같다. 이런 고압적인 태도는 반발을 초래할 뿐이다. 상대는 자신의 자존심을 지키기 위해 대립을 선택한다.

비록 당신은 선의로 가득 차 친절한 어투로 말할지라도, 누군가의 믿음을 바꾸는 것은 지극히 어려우며 조심스러운 일이다. 타인에게 꼭 무언가를 증명해야 한다면, 그 방법은 교묘하고 자연스러워야 한다. 설득당하고 있다는 사실을 상대방이 알아차리지 못하도록 해야 한다.

101

무익한 논쟁을 막는
마법의 주문

━ "내가 아는 것은 단 하나, 나는 아무것도 모른다는 것
이다." 소크라테스의 말이다. 아무리 노력해도 내가 소크라테
스보다 현명해질 리는 없기에, 나는 다른 사람에게 '당신의 생
각은 틀렸다.'라고 말하지 않기로 했다. 아무래도 이 방침은 매
우 효과적인 듯하다.

만약 당신이 누군가가 잘못 알고 있는 사실을 바르게 정정하고
싶다면, 설령 그것이 명백한 오류일지라도 직설적으로 꼬집기
보다는 "그렇게 생각하지는 못했는데, 제가 잘못 알고 있는 걸
지 모르겠네요. 종종 틀리곤 하거든요. 그럼 이 문제에 대해 다
시 함께 알아볼까요?"라고 말해 보자. 이 표현은 마법 같은 효
과를 발휘한다. '내가 틀렸을지도 모르니까 다시 함께 검토해
보자'라는 말을 듣고 반감을 품는 사람이 있을까? 나에게도 오
류가 있을 가능성을 인정하면 대립에 휘말릴 일이 없다.

이것은 무익한 논쟁을 방지하고 상대방이 넓은 마음으로 공정

하게 사고할 계기를 마련해준다. 그 결과 상대는 자신이 틀렸
을지 모른다고 인정할 여유를 가진다.

지키려고 하는 것은 믿음이 아닌
위협받는 자존심이다

▬ 대부분의 사람이 편견과 선입관을 가지고 있으며 질투, 시기, 의심, 공포, 자존심의 굴레에 갇혀 판단하기 쉽다. 사상과 종교부터 머리 모양이나 좋아하는 영화에 이르기까지 좀처럼 자기 생각을 바꾸려고 하지 않는다. 만약 누군가의 잘못을 지적하고 싶어진다면, 컬럼비아 대학교의 역사학자 제임스 로빈슨James Robinson 교수의 말을 떠올려 보자.

"우리는 때로 아무런 저항이나 감정의 동요 없이 생각을 바꾸기도 하지만, 누군가에게 '당신은 틀렸어'라는 지적을 받으면 분개하는 동시에 자신의 견해를 완강하게 고수한다. 경솔해 보일 정도로 쉽게 믿음을 형성하다가도 누군가 그 믿음을 의심하려 들면 그것에 광적일 정도로 집착한다. 이때 우리가 지키려고 하는 것은 그 믿음 자체라기보다는 타인에게 위협받는 자존심이다.

우리는 자신이 진실이라고 선택한 것을 계속 믿고 싶어 하며,

그 신념이 의심받으면 그것을 붙들기 위해 온갖 구실을 생각해

낸다. 그 결과 이제까지 믿어온 신념을 계속 지켜도 된다는 근

거를 발견한다."

103

상냥한 배려가
마음을 연다

━━ 한번은 집 안의 커튼과 장식을 새로 맞추기 위해 인테리어 전문가에게 일을 의뢰한 적이 있다. 하지만 청구서를 받은 나는 적잖이 당황했다. 예상을 훨씬 웃도는 비용이 나왔기 때문이다. 며칠 후 친구 한 명이 집을 방문했고 새 커튼을 보았다. 내가 비용에 관해 말하자, 그는 왠지 의기양양하고 떠들썩한 목소리로 "너무 심하네! 분명히 바가지를 쓴 거야."라고 평했다. 그 말이 맞았지만, 자신의 어리석음을 지적당하고 기분 좋은 사람은 아마 없을 것이다. 나도 사람인지라 "그 상황에서는 최선이었어. 생각처럼 그렇게 나쁘지는 않아."라며 나의 판단력을 변호할 핑계를 댔다.

그리고 마침 다음날 다른 친구가 집에 들렀는데, 그는 커튼을 보자마자 찬사를 쏟아내며 자신도 여유가 되면 이처럼 멋진 커튼을 사고 싶다고 했다. 나의 반응은 어땠을까? 어제와는 전혀 달랐다. "사실은 너무 비싸게 주고 사서 정말이지 후회하고 있어."라고 솔직한 심정을 털어놓았다.

우리는 실수나 잘못을 저질렀을 때 대개 마음속으로는 그것을 인정하고 있다. 그래서 상냥하게 배려해주는 사람에게는 쉽게 마음을 열고 실수를 시인하기도 한다. 그러나 상대방이 먼저 그 불쾌한 사실을 무례하게 들이대면 오기를 부리고 만다.

104

조롱과 비난으로는
누구의 마음도 바꿀 수 없다

━━ 남북전쟁 당시 저명한 잡지 편집장이었던 호레이스 그릴
리Horace Greeley는 링컨이 세운 정책에 극렬히 반대하는 사람이
었다. 그릴리는 링컨을 비난하고 조롱하는 전략으로 강하게 몰
아붙이면, 대통령이 자신의 의견을 받아들일 것이라고 믿었다.
집요하게 논진을 펼치고 독설을 퍼붓고 링컨에 대한 개인적인
공격까지 서슴지 않았다. 링컨이 저격당하던 그날 밤에도 말
이다. 그렇다면 혹독한 비난과 조롱을 받은 링컨이 그릴리의
의견에 조금이라도 동조했을까? 아니, 전혀 그렇지 않았다. 조
롱과 비난으로는 절대 누구의 마음도 바꿀 수 없다.

105

독선과 독단을
멀리 하라

━━ 다방면에서 특출난 재능과 수완을 발휘하며 위대한 지도
자로 기억되는 벤저민 프랭클린도, 젊은 시절에는 인간관계에
서 실패를 거듭했다. 어느 날 한 친구가 그를 불러 말했다. "자
네가 너무 매섭게 주장을 말하니까 모두가 자네를 싫어하는 걸
세. 자네는 분명 매우 똑똑하지만, 그만큼 독선적이야. 이대로
가다가는 모두가 등을 돌리고 자네 혼자 남을 걸세. 그럼 지금
알고 있는 것에서 더는 발전할 수도 없겠지."

프랭클린의 수많은 장점 가운데 하나가 이러한 진심 어린 충고
를 현명하게 받아들일 줄 아는 판단력과 포용력이었다. 그는
자서전에서 이렇게 말했다. "나는 상대의 기분을 무시한 채 내
의견만 주장하지 않기로 마음먹었다. 독단적이거나 단정적인
표현을 자제하고, '내가 이해하기로는', '어디까지나 내 생각인
데'와 같은 말을 사용하려고 신경 썼다. 누군가 명백히 잘못된
주장을 할지라도 그것을 지적하고 우쭐해 한 것이 아니라, '때

에 따라서는 그렇지만, 이번 경우는 그렇지 않을지도 모른다'
라고 말했다. 상대는 내 말을 흔쾌히 받아들여 주었다. 나는 말
솜씨가 형편없었지만, 이러한 습관 덕분에 약 반세기 동안 사
회에서 영향력을 행사했고, 기존의 관습을 타파하는 제안을 할
때도 많은 이들이 받아들여 주었다."

106

어리석은 자는
잘못을 감춘다

■ 누군가에게 비판받을 일을 했다면, 타인에게 잘못을 지적 당하기 전에 스스로 먼저 비판하라. 정직하고 겸허하게 반성하라. 다른 사람에게 질책당하고 궁지에 몰리는 것보다, 솔직하게 자기 잘못을 인정하고 반성하는 것이 정신적인 건강을 위해서도 훨씬 좋은 일이다.

자기 잘못을 숨기는 것은 우둔한 사람이라도 할 수 있다. 실제로 어리석은 사람 대부분이 그와 같은 우를 범한다. 자기 잘못이 명백할 때도 발뺌을 한다. 하지만 그럼으로써 모면할 수 있는 시간은 잠시뿐이다. 자신의 잘못을 깨끗이 인정하는 태도를 보인다면 정직함과 성실함이라는 장점을 전할 수 있으며, 더 많은 이들로부터 비판받는 것을 피할 수 있다.

CARNEGIE

107

최대한 빠르고 솔직하게
잘못을 인정한다

━━ 당신의 주장이 틀렸다면 최대한 빨리, 솔직하게 인정하라. 실제로 우리는 옳을 때보다 틀릴 때가 훨씬 많다. 자기 잘못을 깨끗이 인정하는 것은 놀랄 만한 성과 그 이상을 불러온다. 자신에게 성공적인 면죄부를 주는 것과 비교할 수 없을 만큼 상쾌한 기분을 느낄 수 있다.

108

단 한마디의 사려 깊은 말이
마음을 흔든다

━━ 링컨은 이미 오래전에 인간관계의 원칙을 이해했다.
"한 방울의 꿀이 한 통의 쓸개즙보다 더 많은 파리를 잡을 수
있다. 사람도 마찬가지다. 누군가를 설득하거나 내 편으로 만
들고 싶다면, 먼저 당신이 그의 진실한 친구임을 전해야 한다.
거기에 한 방울의 꿀이 담겨 있다. 불쾌한 말을 장황하게 늘어
놓는 것은 현명한 방법이 아니다. 사려 깊은 단 한마디의 말이
마음을 흔든다. 그것이 상대의 이성에 영향을 미치는 가장 확
실한 방법이다."

109

강풍과
햇빛

━ 이솝우화에 나오는 바람과 태양이라는 유명한 이야기를
모두 알 것이다. 바람과 태양은 누가 먼저 노인의 코트를 벗기
는지 경쟁한다. 바람은 강풍을 일으켜 코트를 억지로 벗기려
하지만 그럴수록 노인은 코트를 강하게 여민다. 그러나 태양이
따뜻하고 온화한 햇볕을 내리쬐자 노인은 그 온기에 자연스럽
게 코트를 벗는다.

이 이야기에서도 알 수 있는 인간관계의 원칙은 이솝이 태어난
고대 그리스뿐 아니라, 우리가 사는 현대 사회에도 똑같이 적
용된다. 사람의 마음을 얻는 데는 강압과 위협보다 온화하고
우호적인 접근이 훨씬 효과적이라는 사실을 우리는 안다.

먼저
'네'라고 답할 수 있게 한다

━━ 대화를 할 때는 이견이 있는 주제부터 거론하지 않도록 주의하라. 공감대가 형성된 화제로 대화를 시작하고, 상대방의 말에 동의한다는 것을 끊임없이 강조하라. 당신과 상대방이 결국 같은 목적을 향해 가고 있으며, 다만 방법적인 면에서 약간의 이견이 있는 것으로 생각하도록 만들어라.

대화 초반에 상대방이 긍정할 수 있도록 대화를 이끌고, '아니오'라는 대답이 가급적 나오지 않게 하는 것은 상당히 중요한 문제다. 저명한 심리학자 해리 오버스트리트Harry Overstreet 교수는, 대화 초반의 '아니오'라는 부정적 반응은 때론 넘어서기 힘든 장애를 만든다고 말한다. 상대는 처음에 '아니오'라고 말한 것이 경솔했음을 대화 도중 깨닫더라도, 자존심을 지키기 위해 처음의 의견을 고수한다. 대화 상대가 '네'라고 긍정하도록 이야기를 문을 여는 것이 중요한 이유가 여기에 있다.

111

듣는 이의 반감을 사는 것은
아무 이득이 없다

━━ 뛰어난 연설가는 연설 초반부터 청중에게 '네'라는 반응을 자연스럽게 유도한다. 청중의 심리를 긍정적인 방향으로 이끈다. 이야기를 듣는 사람이 '아니오'라고 부정하는 상황은 단순한 의견 표명 그 이상을 야기하기 때문이다. 온몸의 근육과 기관, 신경이 긴장 상태로 돌입하면서 신체적으로도 부정적 반응이 일어난다. 온몸의 세포까지 한데 뭉쳐 상대방의 제안을 거부하겠다는 자세를 취하는 것이다. 반대로 '네'라고 긍정할 때는 온몸의 세포가 수용적인 자세를 취한다. 그래서 '네'라는 반응을 많이 끌어낼수록 상대가 나의 궁극적인 제안을 흔쾌히 받아들여 줄 가능성이 커지는 것이다.

이는 매우 단순한 기술이지만 활용하는 사람은 많지 않다. 오히려 자존심을 세운다는 명목하에, 상대방에게 반감과 적의를 유발하는 언행을 아무렇지 않게 표출하는 사람이 훨씬 많다. 그러나 상대를 화나게 한들 무슨 이득이 있을 것인가? 그런 방

법으로 누군가를 설득할 수 있다고 생각하는 것만큼 어리석은
판단도 없다. 그것 자체가 즐거움이고 목적이라면 모르겠지만.

112

소크라테스의
문답법

━━ 소크라테스는 세상을 떠난 지 이천 년이 지난 오늘날까지
도 위대한 현인으로 칭송받는다. 소크라테스는 인류 역사상 아
주 소수의 사람만이 가능했던 일을 완수했다. 인간이 사고하는
방식을 극명하게 바꾸어놓은 것이다.

소크라테스는 사람들과 대화할 때 상대방의 잘못을 지적하지
않았다. 그가 구사한 대화의 기술은 소크라테스식 문답법이라
고 불리는데, 대화 중에 상대가 여러 번 '네'라고 답하게 만드
는 것을 목표로 한다. 소크라테스는 상대가 '네'라고 말하고 싶
어지는 질문, 동의할 수밖에 없는 질문을 계속 던졌다. 그 결과
사람들은 바로 전까지 격하게 저항하던 결론을 어느 순간 받아
들이게 되는 것이다. 만약 누군가와 언쟁을 벌여 상대의 잘못
을 지적하고 싶어진다면, 소크라테스식 문답법을 떠올리고 상
대가 '네'라고 답할 만한 질문을 던져 보라.

113

더 많은 것들을
이야기하도록 유도하라

■ 누군가를 설득하다 보면 자칫 쉴 새 없이 이야기를 늘어
놓기 쉽다. 영업사원이 특히 이런 실수를 범하곤 하는데, 그 때
문에 일을 그르치기도 한다.

설득은 상대를 잘 알수록 성공할 확률이 높아지며, 그에 대해
가장 잘 아는 사람은 당신이 아닌 상대이기에 충분히 말할 수
있는 시간을 주어야 한다. 마음을 열고 끈기 있게 경청함으로
써 더 많은 것들을 이야기하도록 유도하라. 상대방이 오해하
고 있는 부분에서는 말을 끊고 끼어들어 충분히 설명하고픈 충
동이 들겠지만, 부디 그러지 않기 바란다. 사람들은 자기 생각
을 전부 다 이야기할 때까지 당신의 말을 귀담아 듣지 않을 것
이다.

백 마디 말보다
더 큰 설득의 힘

━━ 대형 자동차 회사가 부품 공급처를 선정하는 과정에서 최종적으로 간추린 세 곳의 제조업체에 다음의 내용을 통지했다. '각 업체는 견본을 준비하고 담당자를 파견해 당사의 사장과 중역들 앞에서 관련 설명회를 가질 것'. 그런데 설명회 당일, 한 업체의 대표로 온 담당자의 목 상태가 급격히 나빠져 목소리가 전혀 나오지 않았다.

어쩔 수 없이 그는 종이에 사정을 써서 보여주며 참석자들에게 양해를 구했다. 그러자 자리에 있던 자동차 회사의 사장이 나섰다. "그럼 이 발표는 내가 대신 이야기해 주겠소." 사장은 준비된 자료와 견본을 보고 참석자들에게 대강의 내용을 설명하기 시작했다. 그는 업체 담당자의 입장이 되어 견본의 장점을 홍보했고, 업체 담당자는 그 설명을 들으며 중간 중간 미소와 몸짓으로 동의와 감사를 표했다.

나중에 영업 담당자는 나의 강좌에서 이렇게 말했다. "그 사장님이 구매자의 관점에서 장점을 간추려 열변을 토해주신 덕분에 우리 회사가 계약을 수주할 수 있었습니다. 그때까지 제가 해냈던 계약 중 가장 큰 건입니다. 저는 사실 프레젠테이션에서 우리 제품의 장점을 대대적으로 어필할 작정이었지만, 그렇게 일방적인 말만 쏟아냈다면 계약을 성사시킬 수 없었을 거예요. 우연한 계기였지만, 구매자의 입장에서 바라본 상품의 필요성을 여실히 들을 수 있었던 것은 정말 큰 도움이 되었습니다. 그리고 때론 상대방의 요구를 조용히 경청하는 것이 백마디 말보다 더 큰 설득력을 발휘할 수 있음을 배울 수 있었습니다."

승리를
양보하라

━━ 프랑스 철학자 라 로슈푸코La Rochefoucauld는 말했다. "적을 만들기를 원한다면 친구를 뛰어넘어라. 그러나 친구를 원한다면 승리를 양보하라."

이 말은 어째서 설득력이 있는가? 친구가 당신보다 우월하다고 느끼면, 친구는 자존심에 상처 입을 일 없이 자신이 중요한 사람이라는 인정의 욕구를 충족할 수 있다. 그러나 당신이 친구를 넘어서면 그는 열등감을 느끼고 질투에 사로잡혀 괴로워할 것이다.

겸손해야 하는
이유

━ 독일 격언에 '인간은 다른 사람의 불행에 순수한 기쁨을 느낀다.'라는 말이 있다. 쉽게 말해 '타인의 불행이 곧 나의 행복'이라는 뜻이다. 실제로 많은 사람이 다른 사람의 불행에서 은근한 만족을 느낀다. 그렇기에 성공을 자랑하기보다는 가능한 한 겸허하게 행동하기를 권한다. 그것이 타인과 원만한 관계를 이어가고 성과를 거두는 환경을 만들어줄 것이다.

미국의 작가 어빈 코브Irvin Cobb도 겸허함의 중요성을 잘 알고 있었다. 어느 재판의 증언대에 섰을 때 변호사가 "제가 알기론 코브 씨가 미국에서 손꼽히는 유명 작가라고 들었는데, 사실입니까?"라고 묻자, 코브는 "능력 이상으로 굉장한 운이 따랐던 것뿐입니다."라고 겸손하게 답했다.

우리가 겸허해야 하는 이유는 많다. 냉철히 따지면, 우리가 자랑하려는 성과 대부분은 굳이 다른 사람들에게 알릴 만큼의 위업도 아니다. 누구나 언젠가는 이 세상을 떠나고 완전히 잊

힌다. 우쭐함에 자랑을 해도 듣는 상대는 지루할 확률이 높다. 더욱이 상대방의 이야기를 듣지 않고 자기 자랑만 늘어놓는 행위는 실질적인 손해를 자청하는 일이다.

스스로 생각할 수 있도록
유도한다

━━ 자기 생각을 남에게 밀어붙여 일을 성사시키는 것은 좋은 방책이 아니다. 사람은 강요된 것보다는 스스로 결정한 것을 중요시한다. 그러므로 누군가에게 바라는 일이 있다면, 몇 가지 정보와 아이디어를 제안함으로써 상대방이 스스로 생각하고 결정하도록 유도하라.

어느 자동차 회사의 영업팀장은 부쩍 의욕이 저하된 팀원들을 불러모아 팀장에게 바라는 점을 써서 제출하게 했다. 그렇게 취합된 요구사항을 칠판에 나열한 뒤 이렇게 말했다. "나는 여기에 적힌 여러분의 기대에 부응하기 위해 최선을 다할 것입니다. 그럼 이제, 내가 여러분에게 기대해도 되는 것을 말해주면 고맙겠습니다."

그러자 성실함, 정직함, 자발성, 낙관주의, 팀워크, 하루 8시간 열심히 근무할 것 등의 대답이 바로 돌아왔다. 하루 14시간 일할 것이라는 의견도 있었다. 그 후 팀원들은 자진해서 그것을 성실히 실행했고, 매출은 대폭 상승했다. 영업팀장은 팀원들이 원하는 바를 자유롭게 이야기하고 성과를 위해 해야 할 일을 스스로 결정하도록 계기를 제공함으로써 어느 때보다 강한 의욕을 불러일으켰다.

CARNEGIE
118
상대의 의견을
구하라

━━ 우리는 타인의 강요나 권유보다는, 자신의 취향이나 의지로 선택하고 결정하는 것을 선호하고 더 신뢰한다.

한 패션 디자이너는 업계에서 큰 영향력을 발휘하는 고객 A에게 디자인을 팔기 위해 무수히 많은 시도를 했지만, 단 한 번도 성사시키지는 못했다. 그리고 150여 차례에 달하는 실패 끝에 새로운 방법을 시도하기로 했다.

그는 몇 장의 미완성 스케치를 들고 A를 찾아가 정중히 부탁했다. "아직 작업 중인 디자인 초안이 몇 장 있는데, 어떻게 하면 쓸 만한 것이 될지 조언해 주실 수 있을까요?" A는 잠시 스케치를 보더니 "두고 가겠어요? 이삼일 뒤에 와주세요."라고 말했다. 사흘 후 디자이너는 A가 제안하는 아이디어를 들을 수 있었고, 이를 충실히 반영해 디자인을 완성했다. 그리고 A는 그 디자인을 모두 구매했다.

119

스스로 선택했다고
믿게 하라

■ 시어도어 루스벨트 대통령은 정계 인사들이 극도로 반대하는 개혁을 단행하면서도 그들과 좋은 관계를 유지하는 탁월한 능력이 있었다. 방법은 이런 식이다. 뉴욕 주지사였던 시절, 루스벨트는 요직의 인사 임명을 앞두고 정계 지도자들에게 후보자 추천을 부탁했다. 당연히 정계 지도자들은 자신의 실리와 필요에 부합되는 인물을 우선하여 추천했는데, 루스벨트는 그들이 납득할 만한 합리적인 이유를 들며 정중하게 다른 인물의 추천을 부탁했다. 그리고 마침내 네 번째 추천에서 루스벨트 본인이 내심 꼽아두었던 인물의 이름이 거론되자, 흔쾌히 임명을 거행했다. 루스벨트는 정계 지도자들의 혜안에 감사를 표하며 그들의 추천을 적극적으로 반영한 인사라는 점을 강조했고, 응당 자신에게도 그 같은 지지를 보내주기를 덧붙였다. 그 후 루스벨트는 본래라면 정계 지도자들이 반대했을 만한 개혁 법안을 모두의 지지 속에서 무난하게 통과시킬 수 있었다.

팔지 말고
사게 하라

━━ 어느 자동차 딜러는 중고차를 사러 온 부부에게 며칠째 다양한 매물을 보여주었지만, 부부가 원하는 조건을 만족시키지 못했다. 며칠 후 한 고객이 오래된 차를 팔러 왔을 때, 딜러는 이 자동차라면 부부에게 맞지 않을까 생각했다. 그래서 그들에게 전화를 걸어 이렇게 말했다. "조언을 좀 구하고 싶은데 방문해주실 수 있을까요?"

부부가 매장에 도착하자, 딜러는 "고객님은 자동차를 보는 안목이 있으신 것 같더군요. 이 차를 운전해보시고 얼마에 인수하면 적합할지 조언해 주시겠어요?"라고 요청했다. 부부는 흔쾌히 수락했고, 시운전을 거친 후 삼백 달러라면 싸게 잘 샀다고 말할 수 있겠다는 평을 내놓았다. 이윽고 딜러는 "만약 고객님께 그 가격에 판매한다면 사시겠습니까?"라고 물었다. 본인들이 직접 평가하고 제안한 가격이었다. "삼백 달러예요? 물론이죠." 부부는 답했고, 거래는 즉시 체결되었다.

상대의 마음속에
아이디어를 심는다

━━ 에드워드 하우스 대령은 우드로 윌슨 대통령이 무척 신임한 측근 중 한 명이다. 그는 어떻게 대통령의 신뢰를 얻어 영향력을 행사했을까? 대령은 의견이나 생각을 대통령에게 넌지시 암시함으로써 대통령이 해당 안건에 관심 가지도록 유도하고, 나아가 대통령 자신의 발상으로 여기도록 만들었다.

그 계기는 승인 나기 어려운 정책을 대통령에게 건의했던 것이 시작이었다. 대령은 자신의 제안에 별 반응이 없던 대통령이 며칠 후 마치 스스로 떠올린 듯이 말하는 것을 듣고 깜짝 놀랐다. 그러나 명예보다 실리가 중요했던 대령은 "그건 제 생각이었습니다."라고 말하지 않았다. 그 후에도 자기 생각을 자연스럽게 대통령에게 전했으며, 대통령은 그것을 본인의 생각이라 여기고 적극적으로 추진했다. 우리가 만나는 사람들의 심리도 윌슨 대통령과 다르지 않다. 그러니 하우스 대령의 방법을 활용해보자. 공은 상대에게 양보하고 원하는 바를 얻어라.

비난하지 말고
이해해본다

━━ 누군가가 명백하게 잘못한 경우라도 무조건 비난해서는 안 된다. 비난하는 것은 바보도 할 수 있다. 비난하지 말고 이해해보라. 현명하고 탁월한 사고를 하는 사람은 타인을 이해하기 위해 노력한다. 사람의 말과 행동에는 분명 나름의 숨겨진 이유가 있다. 상대방의 입장에 서서 성실하고 진지한 마음으로 돌이켜보라. '만약 내가 저 사람이라면 어떤 기분을 느꼈을까? 어떻게 반응했을까?'라고 자문하라. 그리하면 문제를 해결하는 데 필요한 시간을 절약하고 노여웠던 마음도 풀 수 있을 것이다. 상대방의 입장에 서면 그때까지 보이지 않았던 것이 보이기 때문이다. 이로써 인간관계의 원칙을 습득할 수 있다.

123

명령이 아닌 공감으로
협조를 구한다

━━ 집 근처 공원에 화재가 자주 발생해 관계자들이 골머리를 앓은 적이 있다. '화재를 일으킨 자는 벌금형에 처한다'는 경고문이 있었지만, 젊은이들이 그것을 무시하고 불을 피웠기 때문이었다. 잦은 화재로 공원의 나무가 사라져 가는 것이 매우 안타까웠던 나는 그런 이들을 보면 당장 불을 끄지 않으면 신고하겠다고 명령조로 말하곤 했다. 젊은이들은 위협과 다를 바없는 내 말을 따르기는 했지만, 얼굴에는 불만이 가득했다. 당시의 나는 옳은 일을 했다고 생각했지만, 얼마간의 시간이 흐른 후 뭔가 잘못되었음을 깨달았다. 내 분노만 쏟아냈을 뿐 상대방의 입장은 헤아려보지 않은 것이다. 문제 해결에도 그리도움 되지 않았다. 젊은이들은 내 말투에서 불쾌감을 느꼈을 것이며, 앞에서는 잠시 불을 껐을지라도 반발심에 더 큰불을 피웠을지 모른다.

인간관계의 원칙과 타인에 대한 이해의 중요성을 알게 된 지금, 공원에서 불을 피우고 있는 젊은이를 만나면 나는 이렇게 말한다. "정말 즐거워 보이는군. 나도 그렇게 불을 피우고 노는 걸 정말 좋아했지. 다만 공원은 큰불로 번질 위험이 있으니까 조금만 신경 써주겠나. 물론 내가 자네들에게 뭐라 할 입장은 아니고, 그저 즐겁게 놀고 떠날 때 불이 완전히 꺼졌는지만 잘 확인하면 좋겠다는 생각이 드는군. 그리고 이왕이면 다음부터 는 저 모래구덩이처럼 불이 번질 위험이 없는 곳에서 불을 피우는 건 어떤가? 그럼 귀찮은 일도 줄어들고 안전하지 않을까 싶네. 그럼 즐거운 시간 보내게." 그리고 젊은이들은 흔쾌히 협력해주었다.

강요나 명령에 따르게 하는 것이 아니라 상대의 입장을 헤아리고 자존심을 지키도록 배려하면서 해결을 논의하면, 마찰 없이 더 효율적으로 문제를 풀어나갈 수 있다.

124

우리는 공감에
굶주려 있다

━━ 화가 난 상대방이 나쁜 감정을 완화하고, 논쟁을 멈추고, 내 이야기에 귀 기울이도록 만드는 마법 같은 말이 있다. 진심을 담아 다음과 같이 말해보자. "그렇게 생각하시는 게 당연합니다. 제가 당신이었더라도 분명 똑같이 느꼈을 것입니다."

아무리 완고하고 쉽게 흥분하는 성격의 사람이라도 이 말을 들으면 태도를 누그러뜨린다. '같은 입장이라면 자신 역시 똑같은 반응을 보였을 것'이라는 말에서 깊이 공감하는 마음이 전해지기 때문이다. 우리가 만나는 사람들 넷 중에 셋은 공감에 굶주려 있다. 그렇기에 자신의 마음을 이해해주는 사람을 만나면 반가운 친구를 만난 듯 호의를 가질 수밖에 없다.

고매한 윤리관에
호소하라

━━ 상대방이 내심 지키고자 하는 고매한 윤리관에 호소하는 것도 타인을 설득하는 효과적인 방법이 될 수 있다. 사람들은 이상주의자가 되고픈 욕구를 마음속에 지니고 있으며, 자신의 행동에 그럴듯한 이유를 붙이고 싶어 하기 때문이다.

어느 건물 소유주는 입주자로부터 임대 계약을 4개월 남기고 퇴거하고 싶다는 통지를 받았다. 다음 입주자를 찾기란 시기적으로 거의 불가능했기에 4개월치의 손해를 온전히 감수해야 하는 상황이었다. 일방적인 통보에 건물 주인은 매우 화가 났지만, 감정을 드러내지 않고 입주자에게 말했다.

"말씀은 잘 들었습니다. 다만 나는 아직도 당신이 정말 이사할 것이라고는 믿어지지 않는군요. 이제까지 쌓은 경험으로 사람 보는 눈이 있다고 자부해 왔고 당신은 약속을 저버릴 분이 아니라고 판단했거든요. 그래서 제안하는데, 다음 달까지 며칠간 다시 잘 생각해 보시는 건 어떨까요? 그래도 여전히 이사하기를 원하신다면 그렇게 하시지요. 남은 집세는 손해 보겠지만, 내 판단이 잘못되었음을 인정하고 감수하겠습니다. 그러나 당신은 약속을 지키는 사람이니까 계약을 지켜주실 것이라고 믿습니다."

그 입주자는 다음 달 직접 임대료를 내러 찾아왔다. 가족이 상의한 나눈 결과 계약과 신뢰를 지키는 것이 중요하다는 결론에 도달했다고 한다.

보편적인 감정에
호소하라

━━ 공개하고 싶지 않은 자신의 사진이 신문에 게재된 것을 본 한 기업가는 '앞으로 이 사진은 싣지 말아 주세요. 어머니께서 매우 보기 힘들어하십니다.'라는 의견을 신문사에 전했다. 누구나 마음에 품고 있는 어머니에 대한 존경과 애정에 호소한 것이다. 어느 유수의 기업가는 어린 자녀들의 사진을 파파라치가 찍는 것을 막고 싶었으나, 촬영하지 말라고 소리치지는 않았다. 대신 아이들에게 상처를 주어서는 안 된다는 보편적인 감정에 호소해 "아이가 있는 분이라면 잘 아시겠지만, 얼굴이 알려지고 세간의 주목을 받는 것은 아이에게 결코 좋지 않습니다."라고 말하며 양해를 구했다.

물론 이 방법이 모든 사람에게 효과가 있는 것은 아니며, 모든 상황에서 통할 리도 없다. 그러나 우리가 지금 행하고 있는 설득의 방법이 효과가 없을 때, 시도해볼 가치는 충분하다.

127

경쟁심에
불을 지핀다

━━ 철강회사의 회장 찰스 슈워브는 생산량 부진으로 곤란을 겪는 공장 한 곳을 찾았다. 그리고 공장장에게 "당신처럼 유능한 관리자가 있는데, 어째서 실적이 오르지 않는 걸까요?"라고 물었고, 공장장은 "격려도 해보고, 압박하거나 닦달도 해봤지만 진전이 없었습니다."라고 답했다. 잠시 생각한 슈워브는 주간 근무자들에게 "오늘 용해 작업은 몇 번 했나요?"라고 묻고는 "여섯 번입니다."라는 대답이 돌아오자 분필을 들어 칠판에 '6'이라는 숫자를 큼지막하게 적은 뒤 떠났다. 이윽고 교대 시간에 이 사실을 들은 야간 근무자들은 즉시 경쟁심에 자극을 받았다.

다음날 슈워브가 공장을 다시 찾았을 때 칠판에는 야간 조가 고쳐 써 놓은 '7'이 적혀 있었다. 그리고 이 숫자는 다시 주간 근무자들의 경쟁심에 불을 지폈다. 그날 주간 조는 생산성을 최대한 올려서 칠판에 '10'이라는 작업 횟수를 기록했다. 그리고 얼마 지나지 않아 이 공장 전체의 생산성은 대폭 향상되었다. 슈워브는 그 비결에 대해 이렇게 말했다. "일을 성공시키기 위해서는 경쟁심을 자극해야 합니다. 돈을 얼마나 더 버는가에 연연하는 경쟁이 아니라, 남보다 뛰어나고픈 욕구를 충족시키려는 경쟁심 말입니다."

CARNEGIE
128
용기와 도전 정신에
호소하라

━━ 용기와 도전 정신이 없었다면 시어도어 루스벨트는 대통령의 자리까지 오르지 못했을 것이다.

루스벨트는 1898년 발발한 미국·스페인 전쟁에 참전해 활약했고, 종전 후 쿠바에서 돌아와 뉴욕 주지사로 선출되었다. 그러나 반대파 세력에게 '뉴욕의 거주자가 아니다'라는 공세를 받은 뒤 움츠러들었고 사임을 각오했다. 그러자 한 거물급 상원의원이 목소리를 높여 루스벨트에게 공개적인 메시지를 보냈다. "이런 일로 물러나다니 미서전쟁의 영웅이 겁쟁이가 되었단 말인가!"

상원의원의 질타 섞인 격려를 들은 루스벨트는 마음을 굳게 다잡고 사태를 돌파하려는 용기를 낼 수 있었다. 도전 정신에 호소한 이 한마디는 루스벨트의 인생을 바꿨을 뿐 아니라 한 국가의 역사에도 커다란 영향을 미쳤다.

129

남보다 뛰어나고픈
욕구를 자극하라

━━ 뉴욕 주지사는 악명 높은 싱싱 교도소의 소장 자리가 공석이 되자 고민에 빠졌다. 이윽고 그는 다른 교도소의 소장을 지냈던 루이스 로즈Lewis Lawes를 불러 담담하게 말을 꺼냈다. "싱싱 교도소의 운영을 맡아주지 않겠나? 그곳은 경험이 풍부한 인재가 필요하다네." 로즈는 난감했다. 싱싱 교도소는 위험하기로 소문난 데다 정치적 이유로도 소장이 무척 자주 교체되었기 때문이다. 앞으로의 경력을 생각하면 굳이 위험을 감수하고 싶지 않았다.

로즈가 망설이자 주지사가 웃으며 말했다. "자네가 겁먹는다고 해도 탓하지는 않을 걸세. 매우 혹독한 곳이니까 웬만큼 강인한 사람이 아니면 맡기 어려운 게 사실이지." 주지사는 로즈에게 도전을 암시한 것이다. 로즈는 '강인한 사람'이라는 인정이 받고 싶어졌고, 도전할 마음이 생겼다. 그렇게 그는 싱싱 교도소의 소장으로 취임해 실로 대단한 공적을 세웠으며, 당대 미국의 교도소장 중 가장 성공적으로 기관을 이끈 인물로 이름을 남겼다. 다른 사람보다 뛰어나고 싶다는 욕구에 호소하는 것은 용기가 있는 사람에게 확실히 효과가 있다.

130

도전함으로써
존재 가치를 깨닫는다

━━ "고액의 연봉만으로는 뛰어난 인재를 불러 모으고 내 편으로 붙잡아두기 어렵다. 그들에게는 무언가에 도전할 기회가 주어져야 한다."

자동차 타이어를 최초로 생산한 회사의 창업자 하비 S. 파이어스톤Harvey S. Firestone이 한 말이다. 발전하고자 하는 사람은 언제나 도전할 기회를 원한다. 자신을 표현할 기회, 자신의 존재 가치를 증명할 기회를 원한다. 무언가 도전할 기회가 생기면 그들은 설레는 마음으로 열정을 쏟고 성과를 올린다. 오랜 세월 동안 세계 곳곳에서 음악과 미술 대회가 열리고 철마다 각종 스포츠 대회가 개최되는 까닭은, 사람들이 무언가에 도전할 기회를 통해 자신의 존재 가치를 깨닫길 욕망하기 때문이다.

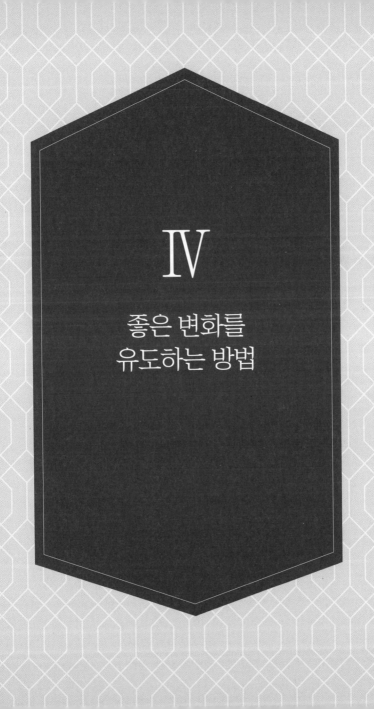

IV

좋은 변화를
유도하는 방법

앞으로 나아가게 한다

131

칭찬과 감사를
먼저 전하라

━━ 사람들은 칭찬을 받은 다음이라면, 불쾌한 지적에도 반감을 덜고 귀를 기울인다. 윌리엄 매킨리William McKinley 대통령은 공화당의 대선 후보였던 시절, 한 당원이 열정적으로 작성한 연설 원고의 완성도가 부족하다는 사실을 당사자에게 전해야 했다. 매킨리는 당원의 기분을 상하게 하고 싶지 않았고, 타오르는 열의에 찬물을 끼얹고 싶지도 않았기에 이렇게 말했다. "훌륭하고 대단한 글이야. 정말 감명받았다네! 누구도 이보다 더 좋은 연설문을 쓸 수는 없을 거야. 다만, 이번 상황에 완전히 어울린다고 확신하기는 조금 애매한 것 같군. 자네의 신념으로는 당연히 옳은 것이겠지만, 나는 당의 입장에서도 영향을 생각해야 하니까 말이야. 앞으로 내가 말하는 방향에 따라 원고를 조금 수정해주지 않겠나?"

당원은 기분을 상하기는커녕 매킨리의 말을 기꺼이 따랐다.

직접적인 비난보다
강한 힘을 발휘하는 것

━━ 찰스 슈워브가 점심 시간에 제철공장을 방문해 둘러보던 때의 일이다. 슈워브는 '금연'이라고 쓰인 표지판 바로 아래에서 몇 명의 직원이 담배 피우는 것을 보았다. 슈워브가 그 표지판을 가리키며 "자네들은 글도 못 읽나!"라고 면박을 주었을까? 그렇지 않다. 그건 슈워브의 방식이 아니었다. 그는 직원들에게 다가가 담배를 한 대씩 건네며 온화하게 말했다. "이걸 피울 때는 밖에서 피워 주겠나? 부탁하네."

경영자에게 규칙 위반을 들킨 직원들은 무척 민망했을 것이다. 그러나 슈워브는 그에 대한 비난이나 잔소리는 단 한마디도 하지 않았다. 대신 작은 선물을 건네며 자연스럽게 자신의 뜻을 전했다. 이처럼 사람에 대한 존중과 배려를 베풀 줄 아는 품위 있는 인물을 어떻게 존경하지 않을 수 있을까? 실제로 슈워브의 방식은 비난과 비판보다 훨씬 강한 힘으로 직원들을 변화시켰다.

먼저 자신의 실수를
고백하라

━━ 나의 조카 조세핀 카네기는 열아홉이 되던 해에 뉴욕에
있는 나를 찾아와 비서로 일할 것을 청했다. 고등학교를 졸업
한 지 얼마 지나지 않은 때였고 실무 경험도 거의 없었다. 현재
그녀는 매우 유능한 비서지만, 당시는 모든 것에 미숙한 초보
였고 그만큼 실수가 잦았다. 그런데 어느 날 그녀를 야단치려
던 순간 이런 생각이 스쳤다. '잠깐만. 지금 조세핀에게 나와 같
은 생각, 판단, 창의력을 기대하는 건가? 지금의 나는 경험이
풍부하지만 스무 살 전후에는 얼마나 엉망이었는지 생각해 봐.
몇 배는 부끄러운 실패를 수도 없이 저지르지 않았던가?'

냉정히 돌이켜본 결과 당시의 나보다 조세핀이 훨씬 우수하다
는 결론에 도달했다. 그 후 나는 그녀의 잘못을 지적할 때는 이
런 식으로 말했다. "이번 건은 실수가 맞아. 하지만 판단력은
타고나는 게 아니라 경험에서 배우는 것이고, 솔직히 말하면
네 또래였을 때의 나보다는 훨씬 잘하고 있어. 젊은 시절 나는

이보다 더한 실수를 수도 없이 했거든. 그래서 너를 질책할 마음은 없단다. 다만 다음에 이런 상황이 생기면 이렇게 해보는 게 좋지 않을까 싶구나."

다른 사람에게 무언가 주의를 주거나 잘못을 지적할 때는 먼저 자신의 실수를 고백하면서 자신도 완벽한 인간이 아님을 겸허히 인정하며 말문을 터보자. 상대방은 당신의 솔직한 말을 있는 그대로 받아들이고 자신의 잘못을 돌아볼 것이다.

134

명령하지 말고
제안하라

━━ 나는 유명 저널리스트 아이다 타벨Ida Tarbell과 인간관계를 주제로 대화를 나눈 적이 있다. 그녀는 기업가이자 법률가, 외교관으로 명성 높은 오언 D. 영Owen D. Young의 전기를 쓰면서 그와 3년간 일한 사람들을 인터뷰한 이야기를 들려주었다. 그들에 따르면 영은 사람에게 명령한 적이 한 번도 없고, 항상 제안하는 표현을 썼다고 한다. 즉 '이렇게 해라, 저건 하지 마라'라고 지시하는 것이 아니라 '이런 식으로 생각해보면 어떨까'라고 늘상 제안했다는 것이다. 자신이 구술한 편지에 대해서는 "이 부분은 어떻게 생각해?"라고 묻곤 했으며, 비서가 쓴 글에 대해서는 "이렇게 하면 좀 더 좋아질 것 같은데, 어때?"라고 제안했다. 사람들에게 명령하지 않고 스스로 생각하고 고칠 기회를 주었고, 실수를 통해 배울 수 있도록 했다. 자존심을 지키면서 실수를 바로잡게 하는 그의 화법은 반감이 아닌 긍정적인 변화를 불러일으켰다.

135

반드시 삼가야 할
행동

━━ 타인의 체면을 짓밟는 행동은 극히 삼가야 할 일이다. 이것은 아무리 강조해도 지나치지 않다. 아랫사람이든 어린 자녀든, 사람의 자존심에 생채기를 내고 망신 주는 언행은 상대방의 입장을 조금이라도 생각한다면 결코 나올 수 없는 행동들이다.

하지만 우리는 종종 자기 생각대로 일을 진행하는 것에 정신이 팔려, 폭력과도 같은 말을 퍼붓는다. 아무렇지 않게 거친 언어로 으름장을 놓고 여러 사람 앞에서 상대방을 무자비하게 책망한다. 그럼으로써 강한 적의와 원한을 얻는다.

체면을 세워줄
방법을 찾는다

━━ 제너럴 일렉트릭사는 회사의 성장에 혁혁한 공을 세운 어느 공학자를 부장직에서 물러나게 해야 하는 곤란한 문제에 직면했다. 그 공학자는 전기에 관해서는 천재적인 능력을 발휘했지만 관리적인 업무에서는 무능했다. 그러나 경영진은 공학자의 체면을 생각해야 했다. 그는 회사에 꼭 필요한 존재인 데다 매우 예민한 성격이었기 때문이다.

고심 끝에 경영진은 그에게 고문 엔지니어라는 새로운 직함을 주기로 했다. 고문 엔지니어가 해야 할 업무를 이미 충분히 하고 있었지만, 정식 직함을 부여함으로써 공학자의 체면을 세워주려 한 것이다. 공학자는 새 직함에 기뻐했고, 기존의 부장직을 적임자에게 인계할 수 있게 된 경영진도 매우 만족스러웠다.

137

큰 인물은
승리에만 도취하지 않는다

━━ 진정 위대한 자는 승리에만 도취하지 않으며, 패배한 이에 대한 최소한의 배려를 잊지 않는다. 1922년, 수 세기에 걸친 격한 대립 끝에 터키군은 자국 영토에서 그리스군을 내몰고 승리를 선언했다. 당시 그리스의 장군은 투항을 위해 터키군의 진영을 찾았고, 이를 본 터키인들은 저주와 욕설을 퍼부었다. 그러나 훗날 터키 공화국의 초대 대통령이 되는 무스타파 케말 Mustafa Kemal 장군은 보통의 승리자와는 사뭇 다른 모습으로 그들을 맞이했다. 그는 적의 장군을 정중히 맞이하며 "필시 많이 지쳤을 테지요. 위대한 인물이라도 전쟁에서는 때때로 패하는 법입니다."라고 위로를 건넸다. 완전한 승리를 거두었을 때조차 적의 체면을 지켜주며 배려한 것이다.

다른 사람 앞에서
책망하지 않는다

━━ 많은 사람이 공공장소에서 자녀나 배우자, 부하 직원을 거리낌 없이 책망하곤 하는데, 그 같은 행위가 초래하는 심각성을 부디 알았으면 한다. 다른 사람 앞에서 질책과 추궁을 받으면 어른이든 아이든 심한 모멸감과 좌절감을 느낀다. 그리고 그것은 말한 이에 대한 반항심과 증오로 돌아가기 마련이다.

누군가의 잘못을 지적해야 한다면, 둘만 있는 장소를 선택하고 표현에도 세심하게 신경 써야 한다. 이때야말로 인간관계의 원칙에 충실해야 할 때다. 상대방의 입장을 진지하게 헤아려보고 체면을 지킬 수 있도록 배려한다면, 그도 당신의 말에 성실하게 귀 기울이고 변화하기 위해 노력할 것이기 때문이다.

작은 발전도
아낌없이 칭찬한다

━━ 내 오랜 친구 중 하나는 서커스 단원이다. 나는 그가 개를 훈련하는 모습을 구경하는 것이 정말 좋았다. 개에게 재주를 가르치고 조금이라도 발전이 있으면 친구는 너무도 기쁜 듯이 개를 쓰다듬으며 "잘했어."라고 칭찬하고 먹이를 주었다.

이는 새로운 기술이 아니다. 우리는 동물의 행동을 개선하기 위해 먼 옛날부터 이 기술을 활용해왔다. 그런데 어째서 인간을 변화시키는 데는 이처럼 기초적인 기술을 응용하지 않는 것일까? 채찍은 들면서 당근을 주지 않는 이유는 뭘까? 어째서 칭찬하지 않고 비난만 하는 것일까?

조금이라도 발전하는 부분이 있다면 적극적으로 칭찬하라. 칭찬은 사람의 기분을 설레게 만들고 더 성장하고픈 열정에 불을 줄 것이다.

CARNEGIE
140

칭찬의 말에 담긴
경이로운 힘

━ 역사에 이름을 남긴 위인들은 하나같이 무명 시절 누군가에게 진심 어린 칭찬과 격려를 받은 기억을 지니고 있다. 칭찬해준 이는 부모나 형제일 수도 있고 친구나 이웃, 상사, 교사, 혹은 처음 만난 낯선 사람일 수도 있다. 그게 누구든, 그들로부터 받은 진실하고 소중한 칭찬을 계기로 성장의 씨앗을 틔웠다. 잃어버렸던 자신감을 되찾고 한 걸음 더 나아가는 힘을 얻었다.

지금 당신 곁에 일이 제대로 풀리지 않아 침울함에 빠진 사람이 있는가? 그에게 진실하고 솔직한 칭찬과 격려를 보내보라. 칭찬의 말에는 인간을 보다 나은 곳으로 끌어올리는 경이로운 힘이 담겨 있다.

변화를
이끄는 것

━━ 악명이 자자했던 뉴욕 싱싱 교도소를 21년간 이끌었던 소
장 루이스 로즈는 죄에 대한 반성이나 갱생 의지가 전혀 보이
지 않는 흉악범일지라도, 그 사람의 아주 작은 장점이나 발전
을 칭찬하면 변화가 나타난다는 사실을 발견했다. 나에게 보
낸 편지에서 소장은 이렇게 말했다. "잘못이나 죄에 대한 비난
보다는, 수감자의 노력을 제대로 평가하고 그것을 진솔하게 칭
찬하는 것이 훨씬 효과적으로 그들의 협력을 얻어 교화시킬 수
있음을 알았습니다."

나는 교도소에 수감된 적이 없고 앞으로도 없을 듯하다. 다만
나 역시 지난날을 돌이켜보면 진심 어린 칭찬과 격려를 받았던
것이 기점이 되어 지금의 놀라운 인생이 열린 것 같다. 당신의
인생은 어떠한가?

142

치명적인
착각

━━ 자만심을 불러일으켜 사람을 나태하게 만든다는 이유로, 남을 칭찬하는 데 인색한 자들이 의외로 많다. 그들은 부하 직원, 배우자, 자녀, 제자 등 대상이 누구든, 엄하게 질책하고 훈계하는 편이 사람을 더욱 노력하게 만들고 성장시킨다고 믿는다. 이 얼마나 치명적인 착각인가?

사람은 질책당하면 의욕을 잃고 반감을 키운다. 인간은 본질적으로 그러하다. 당신은 어떤가? 칭찬과 격려를 받아 기분이 좋아졌을 때 더 노력하고 싶어지는가, 누군가에게 질책당하고 꾸지람을 들어야 한층 더 노력할 동기가 샘솟는가? 당신이 인생에서 만나는 사람은 논리적인 동물이 아니라 감정적인 동물임을 기억하라. 당신의 생각이 아무리 논리적으로 옳다고 해도 책망당하는 상대는 감정을 다치고 노력하려는 마음을 닫아 버린다.

143

진심 어린 위로가
비난을 이긴다

━━ 오래전 이탈리아의 공장에서 일하던 열 살짜리 소년의 이야기다. 소년은 위대한 가수의 꿈을 이루고 빈곤에서 벗어나고 싶었지만, 음악 선생과의 첫 만남에서 "노래에 전혀 재능이 없잖아. 가창력도 별로인 데다 바람 새는 소리 같아서 도저히 못 듣겠군."이라는 혹평을 듣고 자신감을 완전히 잃었다. 그러나 소년의 어머니는 생각이 달랐다. 아들이 착실히 발전하는 모습을 지켜봐 왔기에 소년을 꼭 끌어안으며 "넌 반드시 훌륭한 가수가 될 거야. 계속 나아지고 있단다."라고 진심으로 위로했고 소년은 자신감을 되찾았다. 어머니는 얼마 안 되는 수입을 쪼개 아들의 수업료를 냈고, 소년은 자신을 비난한 선생이 아닌 다른 선생 밑에서 노래 연습을 계속했다. 소년은 어머니의 믿음과 격려 덕분에 인생을 개척했고 이윽고 오페라 역사상 가장 칭송받는 테너가 되었다. 그의 이름은 엔리코 카루소Enrico Caruso다.

누군가의 재능을
인정해준다는 것

━ 작가를 꿈꾸던 젊은이가 있었다. 한때 그는 몹시 불운했다. 정규 교육은 4년밖에 받지 못했고 아버지는 빚을 갚지 못해 감옥살이 신세였다. 걸핏하면 굶주려야 했으며, 어렵사리 공장 일을 구했으나 노동 환경은 열악했다. 밤에는 다른 부랑아들과 런던 빈민가의 다락방에서 쪽잠을 잤다. 자기 글에 자신이 없었던 청년은 남들에게 비웃음을 사지 않도록 한밤중에 몰래 나와 여기저기 원고를 보냈다. 거절과 실패가 거듭되던 어느 날, 한 출판사의 편집장이 그의 작품을 호평하며 응원을 보내왔다. 그는 마침내 인정받았다는 벅찬 감동에 눈물을 흘리며 마을 안을 정처 없이 돌아다녔다. 그리고 이 사건은 청년의 인생을 완전히 바꿔놓았다. 만약 편집장이 그의 작품을 알아봐주지 않았다면, 응원하지 않았다면 청년은 계속 공장에서 일하며 무명으로 생애를 마감했을지도 모른다. 이제 그의 이름은 누구나 안다. 영국을 대표하는 작가, 찰스 디킨스다.

따뜻한 격려는
살아갈 용기를 준다

■■■ 런던의 포목점에서 점원으로 일하던 청년은 새벽 5시에 일어나 14시간을 매일같이 일했다. 너무도 고된 노동이었다. 2년이란 시간을 견뎠지만 더는 자신이 없었던 청년은 먼 곳에서 가정부로 일하는 어머니를 찾아가 눈물을 흘리며 호소했다. "이 일을 계속하느니 차라리 죽고 싶어요. 어머니."

그리고 절망스러운 심정에 존경하는 옛 스승에게 편지를 써서 살아갈 용기를 잃었다고 고백했다. 제자의 절박한 편지를 읽은 선생님은 그의 글과 재능을 높이 평가하며 부디 용기를 낼 것을 당부했다. 그리고 그 재능을 조금이라도 발휘할 수 있도록 교사 자리를 제안했다. 스승의 격려와 배려로 살아갈 용기를 되찾은 청년은 그 후 작가의 길을 걸으며 《타임머신》, 《우주 전쟁》 등의 공상과학소설을 비롯한 100여 권의 책을 저술하며 엄청난 인기와 부를 쌓았다. 그의 이름은 그 유명한 허버트 조지 웰스Herbert George Wells다.

CARNEGIE

146

가능성을 깨우는
마법의 주문

━━ 우리가 만약 누군가에게 잠재된 재능을 그가 깨닫도록 만들 수만 있다면, 말 그대로 그 사람을 완전히 변화시킬 수 있다. 결코 과장이 아니다. 하버드의 심리학자이자 철학자 윌리엄 제임스의 지혜를 빌려보자.

"인간은 본래 지닌 능력의 절반 정도만 깨어 있을 뿐이다. 우리가 가진 자원의 극히 일부만을 사용한다. 다양한 종류의 힘을 지녔음에도 이를 활용하지 않는 삶에 익숙해져서 자신의 한계보다 훨씬 좁은 범위 안에 갇혀 살아간다."

전적으로 공감한다. 당신 역시 미처 깨닫지 못하고 있으나, 무궁무진한 종류의 힘을 간직하고 있다. 그중 하나가 타인을 칭찬하고 격려함으로써 그가 자신의 가능성을 깨닫게 만드는 힘이다. 아주 작은 진전일지라도 아낌없이 칭찬하라. 당신의 말 한마디가 누군가를 변화시키는 마법의 주문이 될 것이다.

사람은 기대에
부응하기 위해 노력한다

━━ 볼드윈 기관차 제조회사의 사장은 리더십의 비결에 대해
이렇게 말했다. "사람은 존경하는 이에게 어떤 능력을 높이 평
가받으면, 대부분 그 기대에 기꺼이 부응하려고 노력한다."
누군가에게 어떤 능력과 자질을 기대한다면, 마치 그 사람이
이미 그러한 능력을 지닌 듯이 대우하라. 당신이 기대하는 자
질이 상대방에게 이미 충분한 듯 평가하고 북돋우면, 상대는
그에 부응하기 위해 부단히 애쓸 것이다. 자신을 높이 인정해
준 당신을 실망시키고 싶지 않기 때문에.

148

정직하고 믿을 수 있는
존재로 대하라

── 뉴욕 싱싱 교도소의 루이스 로즈 소장은 말했다. "만약 사기꾼과 거래해야 한다면 상대보다 우위에 서는 방법은 하나뿐이다. 그것은 상대방이 누구보다 정직하고 믿을 수 있는 존재인 듯이 대하는 거다. 그는 누군가가 자신을 신뢰하고 있다는 사실을 자랑스럽게 생각하고 믿음에 합당한 행동을 보이려 할 것이다."

'당신은 정직한 사람이다'라는 이야기를 들으면 누구든지 자신에 대한 좋은 평가를 저버리지 않기 위해 노력하는 법이다. 그것이 설령 도둑일지라도 말이다.

149

직함과 권위를
준다

━━ 레지옹 도뇌르Legion d'Honneur는 1802년 나폴레옹이 제정한 훈장으로 현재 프랑스인들이 가장 영예롭게 생각하는 최고의 훈장이다. 나폴레옹은 군의 사기를 높이고 공로를 치하하기 위해 1,500명의 군인에게 레지옹 도뇌르를 수여했으며, 18명의 장군을 프랑스군의 원수로 임명하기도 했다.

이를 두고 당시 많은 사람이 산전수전 다 겪은 군인들에게 그런 장난감을 준들 무슨 소용이 있냐며 유치한 방법이라고 비판했지만, 나폴레옹은 다음과 같이 답했다. "사람은 본디 그런 장난감을 원하는 법이다." 그리고 그 '장난감'을 받은 군인들은 기꺼이 나라를 위해 전쟁터로 나섰다. 직함과 권위를 부여함으로써 사람을 변화시키는 방법은 오랜 과거에도 통용되었던 듯하다.

150

말썽쟁이를
길들이는 방법

━━ 한 여성이 골치를 앓고 있었다. 정성껏 가꾼 정원에 걸핏 하면 동네 아이들이 들어와 잔디와 나무를 마구 어지럽혔기 때 문이다. 아이들을 엄하게 꾸짖기도 하고 달래도 봤지만 말이 통하지 않았다. 고민 끝에 그녀는 한 가지 방책을 생각해냈다. 그들 중 가장 말썽쟁이인 소년에게 특별한 직함과 권한을 준 것이다. 여성은 그 소년을 '특별 보안관'이라고 부르며 정원을 자유롭게 출입할 수 있게 한 뒤, 정원에 무단으로 침입하는 아 이들을 단속하게 했다. 그리고 문제는 금세 해결되었다.

이야기가 주는 교훈은 명백하다. 사람에게 직함을 주면, 그에 걸맞은 요구를 기꺼이 따른다는 점이다. 인간의 본성에 부합하 는 효과적인 방법이다.

CARNEGIE
151

좋은 인상을
주는 비결

━━ 특별한 능력과 경험을 지닌 인재를 찾는다는 회사의 구인 광고를 보고 한 청년이 지원했다. 며칠 후 면접 연락을 받은 청년은 해당 회사와 사장에 관해 면밀히 조사했고, 면접장에서 다음과 같이 말했다. "이처럼 훌륭한 성장을 일군 회사의 일원이 된다는 것은 정말 영광스러운 일일 겁니다. 28년 전 월스트리트에서 창업하셨을 당시, 아주 적은 자본으로 사장님과 사무직원 단 두 분이 시작하셨다고 들었습니다."

성공한 사람들은 대개 젊은 시절의 고생담을 남에게 들려주는 것을 좋아한다. 사장도 예외는 아니었다. 그는 자신이 소자본과 독창적인 아이디어로 창업한 것을 회고하며 거듭된 실패와 세간의 비웃음을 극복하고 휴일도 없이 일에 전념한 결과, 마침내 업계 선두를 달리는 기업이 되었음을 자랑스럽게 이야기했다. 그 경험담은 청년이 진심 어린 존경을 보낼 만큼 충분히 멋진 이야기였다. 옛 이야기를 펼쳐 놓던 사장은 마지막쯤 청년의 경력에 대해 간단히 물었고 이렇게 결론 내렸다. "우리 회사에 꼭 필요한 인재라는 생각이 드는군요."

이 청년은 사전에 상대방의 성취와 노력을 자세히 조사한 뒤 그에 깊은 관심을 표현했다. 그리고 사장의 이야기를 경청함으로써 더할 나위 없이 좋은 인상을 준 것이다.

낮춤으로써
얻는 것

━ 기원전 5세기, 겸허함의 중요성을 말한 중국의 사상가 노자의 지혜는 오늘날의 우리에게도 고스란히 적용된다.

"무수한 시냇물이 강과 바다로 흘러드는 것은 강과 바다가 시냇물보다 몸을 낮추기 때문이다. 그렇기에 강과 바다는 무수한 시냇물을 품을 수 있다. 현자 또한 마찬가지다. 사람 위에 서기 위해서 자신을 낮추고, 사람 앞에 서기 위해 뒤로 물러선다. 그리하여 현자가 위에 있어도 사람은 그 무게를 느끼지 아니하며, 앞에 있어도 사람들은 시기하지 않는다."

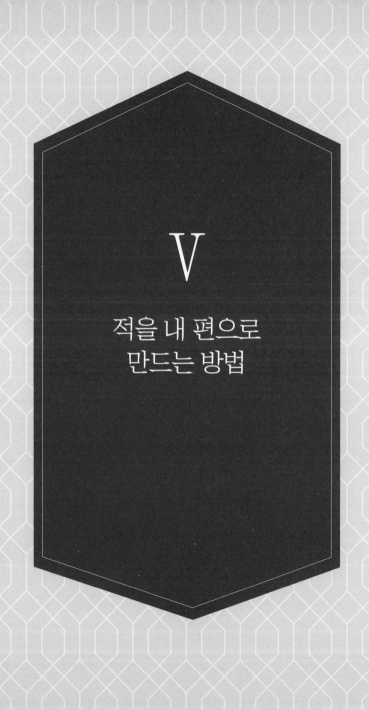

V

적을 내 편으로
만드는 방법

적의와 반감을
호의와 긍정으로 바꾸다

자신을 비판함으로써
적의를 누그러뜨린다

━━ 상업 미술가인 P는 자신을 비판하는 기술을 사용해 까다롭고 불평 많은 고객과의 관계를 개선할 수 있었다. 어느 날 그는 고객 한 명으로부터 즉시 와달라는 연락을 받았다. 평소에도 지나치리만치 트집이 잦은 고객이었다. 그의 사무실에 도착하자마자, P가 납품한 작업물에 대한 불만이 쏟아지기 시작했다. 그 순간 P는 변명은 그만두고 자신을 겸허히 비판하는 기술을 응용하기로 마음먹었다.

"정말 죄송합니다. 말씀하신 부분은 다 저의 잘못입니다. 수차례 당신과 작업을 해왔음에도 기대에 못 미쳐 부끄러울 따름입니다."라고 정중하게 사과했다. 그러자 고객은 곧바로 "아니, 그 정도로 중대한 문제는 아니었습니다만…" 하고 목소리를 누그러뜨렸지만, P는 말을 이어나갔다. "아무리 사소한 실수라도 실망을 안겨드린 점은 같습니다. 저를 믿고 많은 일을 의뢰해주신 건데 최선의 결과물을 드리지 못했습니다. 이를 책임지고 처리하는 것이 당연합니다. 앞선 시안은 모두 폐기하고 처음부터 다시 작업하겠습니다." 그러자 급기야 고객은 "아니, 그렇게까지 하지는 않아도 돼요!"라고 만류하며 그간 P가 진행했던 작업들을 칭찬하더니 아주 사소한 변경만을 요구했다. P는 자신의 부족한 점을 스스로 비판하고 겸허한 자세를 취한 덕분에 고객의 적의를 호의로 바꿀 수 있었으며 새로운 일까지 의뢰받았다.

적을 내 편으로
바꾸는 말

▬ 엘버트 허버드Elbert Hubbard는 독창적인 작품으로 주목을 받은 작가지만, 신랄한 표현이 물의를 빚는 일이 종종 있었다. 하지만 그는 사람을 다루는 방법을 잘 알고 있었고, 적을 내 편으로 바꾸는 데 탁월한 사람이었다. 한번은 어느 독자가 그의 주장에 분노해 항의 편지를 보냈다. 편지에는 독자가 절대 동의할 수 없는 허버드의 주장들이 나열되어 있었고, '당신의 글은 터무니없다'는 격한 비판이 담겨 있었다. 편지에 대한 허버드의 정중한 답장은 이러했다.

"그러고 보니 저 역시 그 부분에 대한 제 주장이 완전히 타당하다고 말하지는 못하겠네요. 어제 쓴 글도 오늘 다시 읽어보면 만족스럽지 못할 때가 많거든요. 귀하께서 제 글에 느낀 감상을 알게 되어 매우 기쁩니다. 혹시라도 이 근방에 오실 일이 있으실 때 저의 집을 한번 방문해 주실 수 있을까요? 귀하와 이 주제에 대해 차분히 이야기를 나눠볼 수 있다면 참으로 기쁠 것 같습니다."

당신이 보낸 항의에 대해 이런 식으로 답하는 사람에게 당신은

어떻게 반응할 것인가?

155

분노는
분노를 부른다

━━ 누군가에게 화가 났을 때 그 분노를 상대에게 모두 쏟아 낸다면 당신의 마음은 후련할 수 있겠다. 하지만 상대는 어떨 까? 당신의 적대적인 태도에 공감할까? 당신을 화나게 한 자 신의 모습을 되돌아볼까? 평화 원칙을 제창한 우드로 윌슨 Woodrow Wilson 대통령은 이렇게 말했다.

"만약 당신이 주먹을 겨누고 나와 싸우고자 한다면 나도 똑같 이 한 방을 먹일 각오로 대응할 것입니다. 그러나 만약 당신이 '우리의 견해가 서로 다르다면 무엇이 어떻게 다른지 차분히 대 화해 봅시다. 서로를 이해해 봅시다.'라고 말해준다면, 결국 우 리의 이견은 의외로 사소하며 공감하는 지점이 훨씬 많다는 것 을 깨닫게 될 겁니다. 그리고 우리 모두에게 강한 인내심과 배 려가 있다면, 힘을 모으고 함께할 수 있을 것입니다."

우호적인 자세는
우호적 반응을 이끈다

— 파업하는 근로자들에게 적대적인 태도보다는 우호적으로 다가가는 편이 현명한 방책임을 유능한 경영자는 알고 있는 듯하다. 일례로 한 자동차 공장에서 이천 오백여 명의 근로자가 임금 인상을 요구하며 파업을 선언했을 때, 사장은 결코 그들을 비난하지 않았다. 그러기는커녕 직원들의 뜻을 존중하며 지역 신문에 평화적인 파업에 찬사를 표하는 광고를 게재했다. 뿐만 아니라 파업 중간 쉬는 시간에 공터에서 야구를 하며 지낼 수 있도록 야구용품을 제공했으며, 볼링을 좋아하는 직원들을 위해 볼링장을 빌려 주기도 했다.

그리고 놀라운 일이 일어났다. 사장의 우호적인 자세는 직원들의 우호적 행동을 끌어냈다. 그들은 빗자루 등의 청소도구를 준비해 공장 주변에 떨어진 성냥과 담배꽁초를 자발적으로 치웠다. 임금 인상을 요구하며 파업을 일으켰던 노동자가 공장 곳곳을 청소하는 모습을 상상해보라. 미국의 노동 분쟁에서 전

대미문의 사건이었다. 그리고 이 파업은 일주일이 채 지나지 않아 노사 양쪽이 만족하는 형태로 타결되었다.

온화하고 정중하게
손을 건네라

■ 1915년, 미국 산업사상 최대 규모의 파업이 일어났다. 수 많은 노동자가 극단적인 분노를 표출하며 임금 인상을 요구 했고, 대치 과정에서는 유혈 사태가 벌어졌다. 파업이 정점에 다다른 그때, 기업가 록펠러는 자신을 향한 노동자들의 격렬한 증오가 쏟아지는 현장을 방문했다. 그리고 매우 특별한 연설로 사람들을 설득했고 극적으로 위기를 극복했다. 연설 일부를 잠 시 소개하면 다음과 같다.

"오늘은 제 생애에서 기념해야 할 날입니다. 회사의 직원들을 대표하는 여러분과 만날 수 있게 되어 영광입니다. 저는 지금 이 자리에 있다는 사실이 자랑스러울 따름이며, 이 순간을 영 원히 기억할 것입니다. …… 지난 며칠 동안 여러분과 여러분 의 가족들을 만나 많은 이야기를 나눴습니다. 그 덕택에 오늘 이 자리는 낯선 적이 아닌 친구로서 여러분 앞에 서게 되었습 니다. 공동의 이익에 관해 이야기할 기회를 얻어 진심으로 감사드리며 기쁘게 생각합니다……."

적을 내 편으로 바꾸는 연설의 표본이다. 자신을 죽이겠다며 신랄한 저주를 퍼붓는 사람들을 향한 록펠러의 목소리는 내내 온화했고 진심이 서려 있었다. 실제로 연설 직전까지도 사납게 분노했던 노동자들은 록펠러의 우호적이고 정중한 태도와 공동의 이익을 강조한 연설을 듣고 감동했다. 만약 록펠러가 정반대의 방침을 세워 노동자들의 잘못을 논리적으로 입증하고 지적하고자 했다면 어땠을까? 그들의 분노는 더욱 격렬히 타올라서 사태는 극단으로 치달았을지 모른다.

사람의 생각은
논리만으로 바꿀 수 없다

━━ 당신에게 반감과 증오를 품고 있는 사람에게는 세상 어떤 냉철한 논리를 제시할지라도, 온전히 설득하기란 어렵다. 아이를 호통치는 부모, 위압적이고 거만하게 명령하는 상사, 끊임없이 잔소리와 불평을 퍼붓는 아내와 남편들은, 상대를 향한 불쾌한 태도를 버리지 않는 한 누구도 자신의 말을 들어주지 않는다는 사실을 깨달아야 한다. 사람의 생각을 논리만으로 강제하려는 방법은 제대로 된 성과를 거둘 수 없다.

그러나 당신이 부드럽고 우호적인 존중의 언어로, 진정성을 담아 이야기를 시작한다면, 상대 또한 마음을 열고 당신의 말에 귀 기울이고픈 마음이 싹틀 것이다.

불평과 항의가 아닌
호의를 먼저 전한다

━━ 당신이 원하는 것을 타인에게 관철하고 싶은가? 그렇다면 불평이나 항의 같은 적대적인 태도가 아닌, 온화하고 친근한 자세로 우호적인 마음을 먼저 전하라.

나의 강좌를 들은 한 남자는 현재 지내는 아파트가 만족스러우나 임대료가 무척 부담되었기에, 재계약 시 임대료를 조정하기를 바랐다. 하지만 다른 세입자들이 이미 집주인에게 단호하게 거절당한 사실을 알고 있었다. 그래서 그는 강좌에서 배운 것을 시도해보기로 했다. 일단 남자는 재계약을 포기한다는 의사를 집주인에게 전달했고, 곧이어 집주인이 남자를 찾아왔다. 남자는 미소 띤 얼굴로 반갑게 맞이했다. 그리고 자신이 이 아파트를 얼마나 좋아하는지, 사는 동안 얼마나 편안하고 행복했었는지를 자세하고 솔직하게 털어놓았다. 건물을 관리하는 집주인의 탁월한 방식에도 깊은 인상을 받았음을 말했다. 임대료 이야기는 아예 꺼내지 않았다. 그리고 일 년 정도 더 살고 싶었으나 형편이 여의치 않아 나가기로 한 것이라고 양해를 구했다.

그러자 집주인은 "평소 세입자들의 고충과 불만을 듣는 데 지쳤는데, 이렇게 만족해하는 분이 있다니 기쁘네요."라면서 먼저 임대료를 낮춰주겠다는 의사를 밝혔다. 남자는 감사를 표하면서도 거기서 멈추지 않고 자신이 감당할 수 있는 좀 더 낮은 금액을 말했고, 집주인은 흔쾌히 응했다. "하는 김에 내부 장식도 원하는 쪽으로 보완해줄게요."라고 추가 혜택까지 베풀면서 말이다. 만약 이 남자가 다른 세입자들과 마찬가지로 온갖 불편사항을 나열하며 임대료를 낮춰달라고 주장했다면 집주인은 어떻게 했을까? 절대 응하지 않았을 것이다.

정중한 부탁으로
은근한 찬사를 보낸다

━━ 젊은 날의 벤저민 프랭클린은 주 의회 서기에 선출되기를 고대하고 있었다. 그러나 의회에서 막강한 영향력을 지닌 인사가 프랭클린을 몹시 싫어한다는 것이 문제였다. 어떻게든 그 유력가의 호감을 사야 했던 프랭클린은 묘책을 강구했다. 아첨하지는 않았다. 그러면 더 큰 경멸을 살 게 뻔했기 때문이다. 대신 프랭클린은 유력가에게 '부탁'을 했다.

유력가가 매우 희귀한 책을 소장하고 있다는 사실을 안 프랭클린은 '그 귀한 책을 꼭 한 번 읽어보길 소망한다'며 며칠간 빌려줄 것을 간곡히 청하는 편지를 보냈다. 책은 즉시 도착했고, 프랭클린은 일주일 후 정중한 감사 편지를 써서 주인에게 돌려주었다. 그 후 공식 석상에서 프랭클린과 마주한 유력가가 건넨 인사에는 전에 없던 친밀감이 담겨 있었다. 또한 그때부터 무슨 일이 있으면 항상 프랭클린의 편에 서서 든든한 도움을 주었다.

프랭클린은 유력가가 이룬 성과를 존중하고 일종의 허영심까지 채워줌으로써 마침내 자기편으로 만들었다. 자신에게 적의를 품은 사람에게 오히려 정중히 부탁함으로써 상대방을 높이고, 그가 자부심을 느끼고 있는 부분에 대해 은근한 찬사를 표현한 것이다.

존중함으로써
마음을 열게 한다

━━ 배관 난방 장치를 제조하는 회사의 영업자가 담당 지역의 배관공과 거래를 트기 위해 노력했지만, 상대는 꿈쩍도 하지 않았다. 고심 끝에 그는 배관공을 찾아가 말했다. "오늘은 영업하러 온 게 아닙니다. 괜찮다면 자문을 구하고 싶은 것이 있습니다. 이번에 회사에서 A 지역에 새로 출점하려고 하는데 이게 과연 좋은 선택인지 조언해 줄 수 있을까요? 선생님은 근방의 사정을 꿰고 있는 데다 전문적인 감각도 탁월하시니까요."

회사는 실제로 A 지역에 지점을 열고자 했다. 사정을 들은 배관공은 흔쾌히 수락하며 해당 지역의 특성을 상세히 설명해주었을 뿐 아니라, 지점을 내는 데 찬성 의견을 더하며 토지 선정과 매입 방법도 조언해 주었다. 그 과정에서 영업자와 배관공은 급격히 가까워졌고, 마침내 대량의 납품 거래도 맺게 되었다. 상대방의 능력을 존중하고 자존심을 높여줌으로써 부정적인 태도에 극적인 변화를 가져온 것이다.

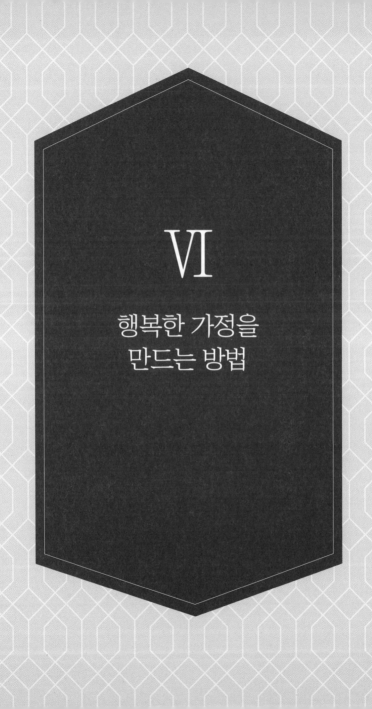

VI

행복한 가정을
만드는 방법

가족의 행복을 생각한다

서로를 위한
최고의 배려

━ 영국의 총리를 지낸 디즈레일리는 35세 때 15살 연상의 자산가이자 미망인인 메리 앤과 결혼했다. 당시 그는 사업 실패로 파산한 상태였기에 세간에서는 재산을 노리고 결혼했다며 수군거리기도 했지만, 소문의 진위와는 별개로 두 사람의 결혼 생활은 오래도록 행복하고 성공적으로 지속되었다.

메리 앤은 문화적인 소양이나 지식이 그리 깊지 않은 여성이었지만, 남편을 위하는 방식은 매우 지혜롭고 뛰어났다. 그녀는 30년간 끊임없이 남편을 칭찬하고 격려했다. 디즈레일리가 피로에 지쳐 돌아오면 메리는 가볍고 유쾌한 대화로 남편이 긴장을 풀고 편히 쉴 수 있게 했다. 디즈레일리 역시 다소 엉뚱한 성격의 메리 앤이 실수를 해도 타박 한마디 한 적 없으며, 항상 아내를 인생에서 가장 중요한 존재로 여겼다. 누군가 메리 앤을 비판하면 그는 절대적으로 아내를 옹호했다. 디즈레일리는 메리 앤을 있는 그대로 사랑하는 현명함이 있었다.

디즈레일리는 주변 사람들에게 '아내 덕분에 지루할 틈이 없다'
고 말했고, 메리는 '늘 다정한 남편 덕분에 무척 행복한 인생을
보내고 있다'고 친구들에게 이야기했다. 디즈레일리는 평생 자
신보다 아내를 우선하려고 노력했다. 그는 총리의 자리에 오르
자 아내에게 먼저 백작 작위를 내려줄 것을 여왕에게 청했다.
디즈레일리 자신이 귀족의 작위를 받은 것은 아내가 세상을 떠
난 후였다.

163

이상적인 결혼 생활을 위한
조건

━━ 이상적인 결혼 생활을 꿈꾼다면 좋은 사람을 찾는 일뿐
아니라, 당신 또한 좋은 사람이 되어야 함을 명심하라.

164

음식에 대한 칭찬은
아끼지 않을 것

━━ 황제가 통치하던 제정 러시아 시절, 러시아 상류층에는 훌륭한 저녁 식사 후 요리사를 만찬장으로 불러 칭찬과 감사를 표하는 관례가 있었다. 우리도 가정에서 아내 혹은 남편이 손수 만든 요리를 칭찬하고 감사하는 습관을 들인다면 어떨까? 아무 말도 없이 무심히 먹기만 할 것이 아니라, 요리가 조금이라도 맛있다면 아낌없이 칭찬하고, 준비한 사람의 정성에 감사를 표하는 것이다. 이것이야말로 성숙한 식사 예법이며 행복한 부부관계의 비결이다.

165

자신을 가꾸는 이에게
관심과 찬사를 보낸다

■ 나이를 불문하고 언제나 자신을 아름답게 가꾸는 이에게 관심과 찬사를 아끼지 말라. 본인에 관해서든 타인에 관해서든 차림새나 외모에 무관심한 사람, 특히 남성들은 이것을 쉽게 잊어버린다.

몇 년 전 나의 조모가 98세의 나이로 세상을 떠나셨다. 나는 조모가 돌아가시기 얼마 전, 30년 전 찍었던 가족사진을 보여드렸다. 할머니는 시력을 거의 잃어 제대로 볼 수 없었지만, 본인이 옛 사진 속에서 어떤 옷을 입고 있는지 무척 궁금해하며 내게 알려 달라고 청하셨다. 한 세기에 가까운 시대를 살고 병석에 누워 마지막 순간을 기다리는 사람도 30년 전의 자기 모습이 신경 쓰인 것이다. 그 모습에서 나는 깊은 인상을 받았다. 지금도 당시를 잊을 수가 없다.

166

꽃을
선물하라

━ 태곳적부터 꽃은 사랑의 언어라고들 일컬어왔다. 그런데 어째서 남편들은 아내에게 꽃을 선물하지 않는 것일까? 큰돈이 드는 것이 아니고 알프스산맥 절벽에 핀 에델바이스처럼 구하기 힘든 것도 아닌데 말이다. 당장 근처의 꽃집에 들러 꽃을 사 들고 집에 가보자. 특별한 날이나 기회를 기다릴 필요가 없다. 아니면 내일, 사랑하는 이에게 장미꽃을 보내보자. 상상하지 못할 멋진 상황이 벌어질 것이다. 많은 사람이 기념일이나 생일을 소중히 여긴다. 누군가에게는 그 이유가 영원한 수수께끼일지 모르지만, 명심할 것은 그런 날을 결코 잊어서는 안 된다는 점이다.

위기는 작은 배려의
상실에서 비롯된다

━━ 약 4만 건의 이혼 소송을 다루고, 2천 쌍이 넘는 이혼 조정을 진행했던 판사가 남긴 말이다. "부부 불화의 원인은 대부분 사소한 일입니다. 아침에 남편이 일하러 갈 때 아내가 잘 다녀오라며 손을 흔들기만 해도 몇 건의 이혼을 막을 수 있습니다."

당연히 이는 예시일 뿐이며 여성만의 문제가 아니다. 아주 많은 남편 그리고 아내들이 작은 배려의 가치를 무시한다. 결혼 생활은 길게 보면 사소한 일들의 연속이다. 이 사실을 간과하고 작은 관심의 가치를 무시하면 결혼은 서로에게 고통의 씨앗이 된다.

가장 가까운 사람에게
저버리는 것

━━ 무례함은 인간관계를 좀먹는다. 누구나 아는 사실이다. 그러나 유감스럽게도 우리는 타인에게는 예의를 지키면서 가장 가까운 이에게는 너무 쉽게 저버린다. 가령 어떤 사람이 과거에 한 이야기를 또 한다고 해서 우리는 "그 얘길 또 하는 거야? 이미 들었어."라고 면박하지 않는다. 하지만 그게 가족이라면 다르다. 사소한 일도 따지고 들며 무례한 언행을 서슴지 않는다. 《아침 식탁의 독재자》를 비롯한 독재자 시리즈를 집필한 올리버 웬델 홈즈Oliver Wendell Holmes는 가정에서 결코 독재자가 아니었다. 우울한 일이 있어도 내색하지 않았다. 괴로운 것은 자기 하나로 충분하므로 가족에게까지 부담 주지 않으려 했다. 그러나 우리 대다수의 모습은 어떠한가? 매출이 줄거나, 상사에게 무시당하거나, 혹은 그저 피곤할 뿐인 날에도 집에 돌아오면 가장 가까운 가족에게 불만과 화를 쏟아내는 사람이 너무도 많다.

169

결혼 생활의
윤활류

■ "예의란 깨진 창문을 보지 않고 그 창문 너머에 핀 꽃을 보려 하는 마음가짐이다."라고 누군가 말했다. 이런 예의야말로 결혼 생활에 꼭 필요한 윤활유이다.

행복한 결혼 생활은
우연으로 얻어지지 않는다

━━ 18년 동안 성직자 생활을 한 뒤 가정상담소의 소장이 된 어느 목사가 오랜 경험을 바탕으로 이야기했다.

"이혼까지 이르지는 않았어도 가정 내에서 남남으로 지내는 부부가 너무나 많습니다. 그들은 마치 생지옥 속에서 사는 것 같아요. 행복한 결혼 생활이 우연의 산물인 경우는 거의 없습니다. 우리는 많은 것을 신중하고 면밀하게 계획해야 해요. 그리고 결혼 생활에 대해 상대에게 모든 것을 거리낌이 없이 표출하기보다는 서로를 위해 삼가거나 조심하는 배려가 반드시 필요합니다."

171

사랑이 사라지는
이유

━━ 결혼 생활은 사소한 사건들의 연속이다. 시인 에드나 밀
레이Edna Millay는 이를 단 두 문장으로 간결하게 표현했다.

'사랑이 사라지는 건 괴롭지 않다. 다만 사소한 일로 사랑이 사
라져버리는 것이 괴롭다.'

마음에 새겨 놓을 가치가 있는 구절이다. 매일 셀 수 없이 많은
부부가 이별하고 있다. 그중 정말 큰 비극이 닥쳐 이혼에 이른
부부는 어느 정도일까? 아마도 소수일 것이다. 만약 당신이 법
원에서 이혼을 신청하는 부부들의 증언을 며칠간 들어본다면
얼마나 사소한 일 때문에 사랑이 사라져버리는지 실감할 수 있
을 것이다.

지금 이 순간은
두 번 다시 오지 않는다

━━ 행복한 가정을 만들고 싶은가? 그럼 이 말을 종이에 써서 잘 보이는 곳에 붙여 두자.

"이 순간을 누릴 수 있는 것은 오직 지금뿐이다. 소중한 이에게 사랑을 표현하고 친절과 배려로 마음을 전할 기회는 바로 지금이다. 뒤로 미루거나 게을리하지 말라. 이 순간은 두 번 다시 돌아오지 않는다."

무엇보다
소중히 해야 할 것

▬ 우리는 가족의 감정에 지나치게 무심하다. 동료나 지인
앞에서 얼굴을 붉히거나 격한 어조로 질책하는 것은 상상조차
하지 못하는 사람도, 가족에게는 아무렇지 않게 분노를 표출하
고 폭언을 내뱉곤 한다. 그러나 인생의 행복 가운데 가장 소중
한 것이 무엇인지, 지켜야 할 것이 무엇인지 진지하게 자문해
보라. 그 누구보다 가족의 행복과 안정이 중요하다는 당연하고
확고한 진리를 깨닫게 될 것이다.

결혼 후에도
예의를 잊지 마라

━━ 세계적인 지휘자 월터 담로쉬Walter Damrosch는 미국 국무 장관을 지낸 거물 정치가 제임스 블레인James Blaine의 딸과 결혼해 만인의 부러움을 사며 오래도록 행복한 가정을 일구었다. 담로쉬 부인에게 그 비결을 들어보자.

"배우자를 신중히 고르는 것도 중요하지만, 그 못지않게 중요한 것이 결혼 후에도 서로 예의를 잊지 않는 것입니다. 이웃에게 하는 것만큼 남편과 아내가 상대에게 예의를 차리고 다정하다면 얼마나 좋을까요? 쉴 새 없이 잔소리와 불평을 하는 사람에게서는 누구라도 도망치고 싶을 거예요."

명심해야 할 지적이다. 우리는 낯선 이에게는 온갖 예의를 갖추면서 정작 가장 가깝고 소중한 배우자에게는 최소한의 예의조차 망각하는 경향이 있다.

175

배우자에게 진심으로
감사를 표하라

━━ 가수이자 코미디언 에디 캔터Eddie Cantor는 인터뷰에서 이렇게 밝힌 적이 있다. "지금의 내가 있는 것은 사랑하는 아내 덕분입니다. 어린 시절 그녀는 좋은 친구였으며, 내가 바르고 성실한 인간으로 성장하도록 이끌어 주었습니다. 다섯 명의 아이에게 둘러싸인 멋진 가정을 만들어 주었습니다. 내가 무언가를 이루었다고 한다면 그 모든 것은 그녀의 힘입니다."

오스카 남우주연상을 받은 워너 백스터Warner Baxter는 할리우드에서는 드물게 행복한 결혼 생활을 보냈다. 함께 배우로 활동했던 아내는 결혼과 동시에 은퇴했다. 백스터의 말이다. "결혼 후 아내는 무대에서 갈채를 받을 기회를 잃었지만, 나는 가정에서만큼은 언제나 그녀가 뜨거운 갈채를 받을 수 있도록 노력했어요. 결혼 생활에서 서로가 행복을 얻는 조건은 남편이 아내에게 끊임없는 찬사와 감사를 보내고 헌신적인 자세를 유지하는 것입니다."

결혼 생활에
투자하라

━━ 행복한 결혼 생활을 이끌어 갈 가능성은 얼마나 될까? 한 사회학자에 따르면, 우리가 몰두하는 수많은 비즈니스보다 결혼 생활의 성공 확률이 더 높다고 한다. 식료품점을 개업한 자영업자의 70%가 실패하지만, 결혼하는 부부의 70%는 성공한다는 것이다. 그런데 왜 아직도 많은 사람이 사업에 투자하는 노력의 반의반만큼도 결혼 생활에 투자하지 않는가? 삶에서 중요한 결실을 거둘 수 있는 가정의 행복을 위해 진지하게 고민하거나 행동하지 않는가? 매우 안타까운 일이다.

인생에서 가장 중요한 일을
그저 방치한다

━━ 저널리스트 도로시 딕스는 이렇게 말했다.

"일을 성사시키기 위해서는 갖은 노력을 쏟아붓지만 가정의 성공을 위해서는 작은 관심조차 인색한 사람이 의외로 많다. 사랑하는 사람과 평화롭고 행복한 가정을 구축하는 일은 대단한 부를 쌓는 일보다 훨씬 큰 의미가 있지만, 그것을 위해 진심 어린 노력과 열의를 발휘하는 사람은 많지 않다. 세상의 많은 사람이 좋은 가정을 이루는 것을 그저 운에 맡기며, 인생에서 가장 중요한 일을 그저 흘러가는 대로 방치한다."

집에서는
비난의 목소리를 내지 않는다

━━ 영국의 정치가 벤저민 디즈레일리의 가장 큰 라이벌은, 총리를 네 차례나 지낸 바 있는 윌리엄 글래드스턴William Ewart Gladstone이었다. 둘은 국회에서 벌어지는 거의 모든 사안에서 충돌했지만, 한 가지 공통점을 지니고 있었다. 공적인 자리에서는 날카로운 논리와 입담을 자랑했지만, 집에서는 절대로 비판이나 비난의 말을 내놓지 않았다는 점이다.

가정에서 비난의 목소리를 내지 않도록 신경 쓴 것은 러시아의 여제 예카테리나 2세도 마찬가지였다. 그녀는 수천만 국민의 생사여탈권을 쥐고 있었으며, 정치적으로 냉혹한 폭군이었다. 무익한 전쟁을 일으키고 많은 적군을 총살형에 처하기도 했다. 그러나 집에서만큼은 달랐다. 요리사가 고기를 태워도 언짢은 표정이나 질책 한마디 없이, 언제나 미소를 머금고 식사를 했다. 그녀가 가정에서 보인 자세는 우리가 보고 배워야 할 점이다.

CARNEGIE

179

아이를
꾸짖기 전에

━━ 지금 아이를 야단치려고 한다면, 그전에 잠시 이 글을 읽어보자. 한 아이의 아버지가 절절히 고백한 반성문의 일부다.

"지금 아빠는 한밤중에 네 방에 몰래 들어와 있어. 그리고 잠든 네 얼굴을 보며 진심으로 후회하고 있단다. 아빠는 언제나 지나치게 화만 냈구나. 네가 친구들과 놀고 있을 때면 신발이 지저분하다고, 칠칠치 못하다며 핀잔을 줬어. 기회가 있을 때마다 너를 혼내기 바빴지. 오늘 아침에도 자꾸 음식을 흘린다고, 잘 씹지 않는다고, 빵에 버터를 너무 많이 바른다고 잔소리를 했어. 그런데도 너는 아빠가 출근할 때 웃으며 손을 흔들고 '다녀오세요.'라고 해맑은 목소리로 말해주었지. 하지만 난 또다시 '허리 구부리고 다니지 마.'라고 꾸짖고 말았어.

그리고 조금 전 서재에 들어온 너를 혼내듯이 바라봤을 때조차 너는 살그머니 내게 다가와 뺨에 뽀뽀를 해주고 갔어. 그 순간 아빠는 너무도 부끄럽고 무서웠단다. 이토록 착하고 다정한 너를 어른의 기준으로만 재고, 잘못한 것만 찾고 있었어. 이미 너는 더없이 좋은 아이야. 진심으로 사랑한단다. 내일부터는 진정 좋은 아빠가 되기로 약속할게."

작은 관심에 담긴
크디큰 마음

━━ 배우이자 작곡가이며 브로드웨이의 유명한 연출가 조지 M. 코핸George M. Cohan은 눈코 뜰 새 없이 바쁜 스케줄에도 불구하고 절대 **빼놓지** 않는 일이 있었다. 하루 두 번, 어머니에게 전화를 거는 일이었다. 그의 일과는 어머니가 세상을 떠나는 날까지 이어졌다. 혹자는 코핸이 매일 특별한 용무가 있어서 전화한 것이라고 생각할지 모르겠지만, 아니다. 그는 작은 관심을 기울여 자기 목소리를 어머니에게 들려줌으로써 언제나 어머니를 생각하고 있다는 것, 어머니를 기쁘게 해주고 싶어한다는 것, 그에게 어머니의 행복과 안녕은 더없이 소중한 것임을 전하고자 했다.

| 엮은이의 말 |

자기계발과 인간관계 분야의 대가로 꼽히며 세계적인 명성을 지닌 데일 카네기의 고전 명저《인간관계론》, 원제로는《How to Win Friends and Influence People》을 이미 접해 본 분들이 많을 것입니다. 1936년에 간행되어 저작권이 만료된 초판본에서 핵심만을 간결하게 정리한 책을 내고 싶다는 출판사의 기획 제의를 받아들인 것이 카네기의 인간관계론을 제대로 만나게 된 계기였습니다. 그리고 이를 초역(超譯)이라는 형태로 엮게 되었습니다. 오랫동안 친숙했던 1981년의 개정판과는 다소 색다른 느낌일 것입니다.

《인간관계론》은 오늘날의 삶에도 그대로 적용할 수 있는 유용한 조언과 날카로운 통찰력이 담긴 보석 같은 책입니다. 물론 팔십여 년이라는 시간이 흐른 만큼 현대사회의 모습과는 동떨어진 시대상도 곳곳에서 발견할 수 있습니다. 그러나 개개의 사례에서 말하고자 하는 본뜻을 이해하고자 한다면 그러한 간극은 큰 문제가 되지 않는 듯합니다. 지금도 여전히 카네기의 저서를 읽고 힘과 용기, 변화를 체감한 사람들이 날마다 새로이 나타나고 있으니까요.

동서양을 막론하고 전 세계의 수많은 사람이 입을 모아 '인생의 책', '카네기의 조언은 일과 가정을 아름답고 성공적으로 변화시키는 최고의 기술'이라며 찬사를 보냅니다. '좀 더 빨리 만났어야 했다!'라고 억울해하는 사람도 적지 않지요. 《인간관계론》은 양질의 인간관계를 쌓고 싶은 사람, 사람과의 관계가 힘든 사람, 가정의 행복을 지키고 싶은 사람, 스스로 만족할 만한 내적·외적 변화를 꿈꾸는 사람들에게 명쾌한 행동의 지침을 제시하는 책입니다. 독자여러분도 그와 같은 놀라운 변화를 반드시 경험해보시기 바랍니다.

유미바 다카시

超譯

카네기의 말 - 인간관계론

2판 1쇄 | 2024년 1월 15일
지 은 이 | 데일 카네기
엮 은 이 | 유미바 다카시
옮 긴 이 | 정 지 영
발 행 인 | 김 인 태
발 행 처 | 삼호미디어
등   록 | 1993년 10월 12일 제21-494호
주   소 | 서울특별시 서초구 강남대로 545-21 거림빌딩 4층
         www.samhomedia.com
전   화 | (02)544-9456(영업부) / (02)544-9457(편집기획부)
팩   스 | (02)512-3593

ISBN 978-89-7849-698-8 (03100)